U0367460

新时代"大思政课"系列丛书 （第一辑）

丛书主编 邢云文

感受思政课的青教课堂

李瑞奇——编著

"思想道德与法治"
教学十二讲

上海交通大学出版社
SHANGHAI JIAO TONG UNIVERSITY PRESS

内容提要

本书立足于面向本科大一新生开设的"思想道德与法治"课程,选取十二个与中小学学段"道德与法治""思想政治"课程衔接的教学主题。每一讲由"教学设计""节段实录""教学反思"三部分构成,通过剖析其中的教学重难点,梳理教学的逻辑与理路,并整理辑录提供给学生的预习任务、课程作业、参考文献等具体内容清单,较完整地呈现基于课堂空间的思政教学过程样本,供广大思政课教师尤其是青年教师参考。

图书在版编目(CIP)数据

感受思政课的青教课堂:"思想道德与法治"教学
十二讲／李瑞奇编著. —上海:上海交通大学出版社,
2024.3(2024.11 重印)
　ISBN 978-7-313-30383-7

　Ⅰ.①感… Ⅱ.①李… Ⅲ.①思想修养-教学研究-
高等学校②法律-中国-教学研究-高等学校　Ⅳ.
①G641.6②D920.4

中国国家版本馆 CIP 数据核字(2024)第 042554 号

感受思政课的青教课堂
———"思想道德与法治"教学十二讲
GANSHOU SIZHENGKE DE QINGJIAO KETANG
———"SIXIANGDAODE YU FAZHI" JIAOXUE SHI'ER JIANG

编　　著:李瑞奇
出版发行:上海交通大学出版社　　　　地　　址:上海市番禺路 951 号
邮政编码:200030　　　　　　　　　　电　　话:021-64071208
印　　制:上海万卷印刷股份有限公司　经　　销:全国新华书店
开　　本:880 mm×1230 mm　1/32　　印　　张:5.375
字　　数:113 千字
版　　次:2024 年 3 月第 1 版　　　　　印　　次:2024 年 11 月第 2 次印刷
书　　号:ISBN 978-7-313-30383-7
定　　价:48.00 元

丛书序言

2021年全国"两会"期间,习近平总书记在看望参加全国政协会议的医药卫生界教育界委员时,对时任上海交通大学校长林忠钦院士关于"大思政课"的建议作出回应时指出:"'大思政课'我们要善用之,一定要跟现实结合起来。"

善用"大思政课",必须准确把握其"大"的特点,不断丰富"大思政课"的内容、途径、载体,有效凝聚学校、区域、社会协同育人的强大合力。上海交通大学深入贯彻习近平总书记重要指示精神,强化问题导向和系统思维,持续构建大中小学一体化、校内外一体化、知信行一体化的"大思政课"工作格局,推动上海"大思政课"建设整体试验区(上海交通大学-闵行区)建设走深走实。一方面,充分发掘党的创新理论与新时代伟大社会实践中蕴含的丰富育人资源,把学校小课堂与社会大课堂贯通起来。以学校的理论优势、知识优势、人才优势辐射试验区,将试验区联合单位在新时代改革创新中的鲜活实践提升到理论层面,转化为生动的育人资源,打造大学牵引、区域联动、大中小学贯通的"大思政课"建设大系统。另一方面,明确"大思政课"建设是一个协同育人的整体性工程,注重顶层设计和整体规划。破除传统思政课教学、教材、教师的思维定式,对教育理念、内容、方法、载体等进行系统性改革和全方位重塑,减少各部门各自为战的情况,逐步形成"大课堂""大平台""大师资"建设的内生动力和实践机制。

本套丛书是上海"大思政课"建设整体试验区(上海交通大学-闵行区)的工作成果,由多位长期从事思政教育的资深专家、身处教学一线的青年教师等共同编纂撰写,内容涵盖了系统性的教研思考和针对性的对策建议,准确把握思政课程与课程思政建设的内涵要求,创新探索场馆育人、空间育人、实践育人等外延领域,体现了学校课堂与社会"大课堂"的有效衔接、理论课本与鲜活"大教材"的有机统一、教学循环与育人"大循环"的有力协同。希望丛书的出版,能够为进一步深化新时代"大思政课"建设理论和实践研究提供借鉴,为着力培养担当民族复兴大任的时代新人贡献交大经验和交大智慧。

2024 年 2 月 29 日

引　言

　　2024 年是习近平总书记提出"思想政治理论课是落实立德树人根本任务的关键课程"重要论断五周年。五年来，"八个统一"①作为思政课教育教学规律的凝练表达，为增强思政课的思想性、理论性、针对性和亲和力提供了方法论原则。

　　马克思在《〈黑格尔法哲学批判〉导言》中讲："光是思想力求成为现实是不够的，现实本身应当力求趋向思想。"②思政课教学作为"八个统一"的具体面向，总是落实于教材体系向教学体系转化的课堂景观中，其转化效能往往决定思政课讲深、讲透、讲活道理、学理、哲理的目标实现程度。因此，规避马克思所批判的"混沌的整体"，实现黑格尔所讲的"全体的自由"与"环节的必然"的统一，是每一讲教学设计应然的规范。本书寄望于将每一讲教学设计、课堂实境与教学反思作为整体，最大限度地在教学环节中呈现"思政课的本质是讲道理"这一编著理念。

---

① 习近平：《思政课是落实立德树人根本任务的关键课程》，人民出版社，2020 年，第 17—23 页。"八个统一"具体内容为：坚持政治性和学理性相统一、坚持价值性和知识性相统一、坚持建设性和批判性相统一、坚持理论性和实践性相统一、坚持统一性和多样性相统一、坚持主导性和主体性相统一、坚持灌输性和启发性相统一、坚持显性教育和隐性教育相统一。
② 《马克思恩格斯文集》（第一卷），人民出版社，2009 年，第 13 页。

跬步江山即寥廓。习近平总书记指出："教材给出的是教学的基本结论和简要论述，要让不同类型的学生都爱听爱学、听懂学会，需要做很多创造性工作。"①本书作为教材体系向教学体系转化的一种探索，不能妄言具有教辅性质，但期待可以成为某种商榷性或批判性的对象存在。本书所涉及教学十二讲的选题考量植根《思想道德与法治》（2023 版）于大中小学课程体系中的独特位域：纵向上，为体现学校思政课课程体系中的衔接作用，选取贯穿大中小学教材体系中常态化重点问题（例如第五讲）；横向上，为凸显高校思政课课程体系中的先导作用，择取与大学学段其他几门思政课联系紧密的难点问题（例如第三讲），同时力求涵盖教材最新增订内容（例如第六讲）。基于此，本书依托统编教材《思想道德与法治》正文内容，于绪论外的六章中每章选取两个重难点问题，构成教学十二讲。

在编著体例上，本书每一专题由教学设计、节段实录和教学反思构成。其中，教学设计尝试采用"A 与 B"（如"缘何与为何"）的教学逻辑样式，编制要素包括学情分析、教学目标、教学重难点、教学创新点、教学方法、预习任务、教学纲要、课程作业、参考文献以及延伸阅读等十项；节段实录部分则以逐字还原的形式，再现课堂教学实景，形成可供对话与讨论的直观教学文稿；教学反思实质上是对教学设计与教学过程的回溯与检视，这里采取大中小学思政课一体化的分析视角，在比较中小学学段思政课相关知识呈现形态的基础上，强调兼顾学生的接受视角和教学的经验层垒两个方面，观照教学目标的实现情况，致思将

---

① 习近平：《思政课是落实立德树人根本任务的关键课程》，人民出版社，2020 年，第 21 页。

课堂空间中发生的新问题转化为赓新教学的思想质料。

　　《诗经》中《卫风·淇奥》写道:"如切如磋,如琢如磨。"按照辩证唯物主义的基本观点,好的课堂教学总是因循"解决老问题—锚定真问题—产生新问题"的非闭环往复逻辑运行,这也在一定程度上规定"切磋琢磨"是教学设计与展开的常态。然而,由于学力有限,行有不逮,本书的探讨难免粗浅,不过"真理从来是在诘问和辩难中发展起来的"[①],热诚期待读者的批评校正!

---

① 习近平:《思政课是落实立德树人根本任务的关键课程》,人民出版社,2020 年,第 20 页。

目　录

第一讲

理论与实践：人的本质探讨

· 教学设计 ·

一、学情分析

1. 学生知识背景：本讲授课对象为本科一年级学生①，其对"人是什么"的问题兴趣浓厚且有所体认，但是多未形成关于这一问题的理性认识与系统思考，特别是鲜少能从唯物史观的理论视角来思考"人的本质"问题。

2. 教学内容背景：本讲选自《思想道德与法治》(2023 版)教材第一章第一节的教学内容。从理论上讲，"人的本质"问题可以视为全本教材的"阿基米德支点"。讲清楚这一问题对学生学习本门课程后续人生观、价值观、道德观与法治观相关内容具有理论牵引作用。

二、教学目标

1. 知识与能力维：学生能够理解和表述"人的本质"的基

---

① 按照教育部 2018 年印发《新时代高校思想政治理论课教学工作基本要求》规定，"思想道德与法治"课程面向大一年级学生，后题教学设计不再对此说明。

本意涵,并在此基础上运用这一基本原理科学地认识个体与社会之间的辩证关系,在具体实践中更好处理个人利益与社会利益的关系。

2. 情感与价值维:青年学生在理解个人与社会是对立统一关系的基础上,能够自觉将个人奋斗融入民族复兴的伟大实践中,树立正确的人生观与价值观。

三、教学重难点

1. 教学重点:从唯物史观的基本立场出发,通过例证的方法,阐明"人的本质"意涵中"现实性""社会关系"与"总和"的具体所指,进而引导学生在历史与当前所发生的具体事件中理解"个人与社会"的辩证关系。

2. 教学难点:通过理论的讲解与实践的证成,学生能够深刻理解青年的个人成长与时代使命之间的关系,从而积极地将个体人生理想融入中华民族伟大复兴的宏伟目标中,并在这一民族复兴的历程中实现个体的人生理想。

四、教学创新点

1. 从"理论"与"实践"两个方面建构教学框架,"理论"方面重在对"人的本质是什么"进行理论阐释,"实践"方面则以"理论"为基础,引导青年学生从新时代生动具体的实践事例中,思考"我"作为个人与"大时代"社会的关系。

2. 选取学生较为关切的"人是什么"这一问题,以"斯芬克斯之谜"引入,在人猿揖别的差异中认识"人的本质",并通过"现实性""社会关系""总和"等重点概念解读的方式增进学生在理论上对"人的本质"问题的理解。

五、教学方法

1. 案例分析法：分析思想史与社会实践中较有代表性的案例，使学生更容易理解相对抽象的理论问题。

2. 分组探究法：以"我的社会学自传"为题组织学生互动；对"得其大者可以兼其小"这一论题展开课后小组探讨，加深学生对个人与社会辩证关系的理解。

六、预习任务

请学生提前阅读教材的第一章第一节第一目"正确认识人的本质"相关内容，并参考阅读马克思主义经典文本《关于费尔巴哈的提纲》。

七、教学纲要

从希腊神话"斯芬克斯之谜"切入，引出本讲主题："人的本质是什么？"

- 从理论供给出发，提出"人之所以异于禽兽者几希"的"几希"是什么？通过经典文艺作品中的人物比较，阐明社会属性是人的本质属性。
- 从"何谓'现实性'""何谓'社会关系'""何谓'总和'"三个方面抽丝剥茧，结合青年学生现实生活层层剖析"人的本质"的深层意涵。
- 从实践视角出发，通过"青春的接力"这一反映不同历史时期青年接续奋斗的案例，引导学生具象理解和感悟"个体与社会"的辩证关系。

梳理与总结问题，展开"我的社会学自传"速写互动及小组讨论。

八、参考文献

[1]《关于费尔巴哈的提纲》,载《马克思恩格斯文集》(第一卷),人民出版社,2009。

[2]《神圣家族,或对批判的批判所做的批判 驳布鲁诺·鲍威尔及其伙伴(节选)》,载《马克思恩格斯文集》(第一卷),人民出版社,2009。

[3]《德意志意识形态 对费尔巴哈、布·鲍威尔和施蒂纳所代表的现代德国哲学以及各式各样先知所代表的德国社会主义的批判》(节选),载《马克思恩格斯文集》(第一卷),人民出版社,2009。

[4]习近平:《在纪念五四运动100周年大会上的讲话》,人民出版社,2019。

[5]习近平:《在庆祝中国共产主义青年团成立100周年大会上的讲话》,人民出版社,2022年。

九、延伸阅读

1. 中央党校采访实录编辑室:《习近平的七年知青岁月》,中共中央党校出版社,2017。

2. 路遥:《人生》,北京十月文艺出版社,2021。

3. 曾志:《一个革命的幸存者:曾志回忆录》,四川人民出版社,2020。

4. 狄更斯:《远大前程》,主万、叶尊译,人民文学出版社,2004。

5. 周锡瑞:《叶:百年动荡中的一个中国家庭》,史金金、孟繁之、朱琳菲译,山西人民出版社,2014。

· 节段实录 ·

　　各位同学好。欢迎大家来到"思想道德与法治"的课堂，这堂课，我们将以"理论"与"实践"为线索，站在马克思主义的立场上共同探讨何谓人的本质。首先，我们不妨先来一起猜一个谜题："什么生物早晨用四条腿走路，中午用两条腿走路，晚上用三条腿走路。腿最多的时候，正是速度和力量最小的时候？"相信同学们已经有了答案。没错，这就是人类思想史上的一个重要谜题：斯芬克斯之谜。有同学也猜到了它的谜底，那就是"人"。可人到底是什么？于是这又引发了西方哲学史上的聚讼纷纭。

　　比如，在轴心时代，柏拉图称人是"双足而无羽毛的动物"，亚里士多德则说"人是政治的动物"；文艺复兴时期的哲学家培根说"人是自然界的仆役"，而启蒙运动时期的学者拉美特里则干脆从机械唯物主义的视角，提出了人不过是比动物更精致、复杂的机器；再稍晚些，德国哲学家费尔巴哈则强调理性、爱和意志力是人类的本质。现代生物学的研究表明，人属于动物界的脊索动物门、哺乳纲、灵长目。那么，问题来了，人和动物的区别是什么呢？我们要回答"人是什么"这样一个千古谜题，就需要穿越各种思想论断的迷雾。接下来，我们不妨先从理论的角度，从唯物史观的立场，一起来追问什么是人的本质。

　　先来看 2005 年国际权威学术期刊 *Nature* 和 *Science* 所刊载的两篇论文，这两项研究成果表明：人类基因组与黑猩猩的基因组的 DNA 序列相似性达 99％，这也就意味着人猿之间在生物学意义上差别很小。巧合而有趣的是,中国的孟子在遥远的公元前 3 世纪将这 1‰ 的微小差异解读为"人之所以异于禽兽者几希"。可是,正是"几希"的些微差异,却使人猿相揖别,人类仿如万物的主宰,而大猩猩却不能,这背后一定有起决定作用的因素,规定了人的本质所在。

那这个决定性因素是什么呢？我们不妨走进同学们所熟悉的文艺作品,从"狼少年"与"鲁滨逊"的对比中来探讨人的本质。电影《狼少年》和诺贝尔文学奖获得者吉卜林的《丛林之书》中所描绘的"莫格利男孩"都自小在狼群中长大。从现实的角度看,即便回到人群之中,他们也很难学会直立行走、掌握人的语言,我们不能将这些狼孩称之为人,因为他们仅仅具备了动物的自然属性;但是,笛福笔下的鲁滨逊则不同,他之所以能够在孤岛上脱离社会而生存甚至驯化野人"星期五",一个重要的原因正是他拥有此前在社会中掌握的知识与技能,也就是他的社会属性。因此,我们说人与动物的"几希"与"1‰"的差异,就在于人不仅有自然属性,而且拥有社会属性。社会属性是人的本质属性。

马克思在《神圣家族》这部经典著作中谈道:"既然人天生就是社会的,那他就只能在社会中发展自己真正的天性;不应当根据单个个人的力量,而应当根据社会的力量来衡量人的天性的力量。"这一点在狄更斯一部作品的两个中文译名中体现得十分明显。我们知道,这部小说中的主人公孤儿皮普为自己向往的"远大前程"而奋斗,但在资本主义社会冰冷的私有制关系下,一切坚固的东西都烟消云散了,皮普的个人奋斗史只能沦为"孤星血泪"。

马克思正是从现实的社会关系出发把握人的本质，第一次在唯物史观的立场上解开了人的本质之谜。在《关于费尔巴哈的提纲》这部"包含着新世界观天才萌芽的第一个文献"第六条中，他指出"人的本质不是单个人所固有的抽象物，在其现实性上，它是一切社会关系的总和"。那么，何谓"现实性"？何谓"社会关系"？又何谓"总和"呢？我们不妨抽丝剥茧，结合同学们的生活实际来逐一阐释。

所谓"现实性"是指人不是单个的、孤立的个人，我们经常会说，"没有人是一座孤岛"；"现实性"又指我们不是固有的、不变的个人。有的同学经常困惑"为什么我们同从前的高中同学渐行渐远了呢？"甚至有时会不免感慨："知交零落乃是人生常态。"这些都恰恰是由你不断变化的社会关系所决定的。同时，我们也不是抽象的、头脑中的人。比如说，我们对于理想、自由的追寻不是纯粹形而上的，而是要植根于我们所置身的具体的、现实的社会存在中。正如路遥在《人生》这部小说中，对主人公高加林理想得而复失的人生悲剧所作的评价："现实是不能以个人的意志为转移的。……一个人应该有理想，甚至应该有幻想，但他千万不能抛开现实生活，去盲目追求实际上还不能得到的东西。"

所谓"社会关系"，既包括自然关系，比如生物物种意义上性的关系，这也构成马克思主义所讲的"两种生产"理论中人自身的生产的前提条件，又包括抽象关系，如人与人之间不同形式的爱的关系，以及复杂的现实关系，如列宁所强调的在社会关系中处于基础地位的生产关系，也就是人们在物质资料生产过程中相互结成的社会关系等。其中，自然关系与抽象关系又衍生了

"亲缘关系""地缘关系"。我们每个人所拥有的崇高的爱国之情与美丽乡愁恰恰是依托特定的地缘关系所产生的。与此同时，现实关系衍生了业缘、趣缘等以及调整这些人际关系的法律、政治、道德等关系。我们今天所说的"社会性死亡"，在某种意义上指涉的就是社会关系内在的张力。费孝通的《乡土中国》是大家比较熟悉的书。这本书的一大创新就是将东西方不同的社会关系形态，分为中国式的以家庭也就是血缘、地缘关系为核心的差序格局，以及西方式的以组织即业缘、趣缘为核心的团体格局。

那么，何谓"总和"？我们回到马克思在经典原文中所使用的德文单词，便可一见分晓。马克思没有使用德语中表示数字上的求和的单词，也就是说，这里的总和不是个体社会关系在数学意义上的简单累积。他使用了表示实践上的总和的单词Ensemble，这个词的原意是指歌剧团全体成员及其合演、合唱意义上的总和。移至现实生活中，这里的"总和"指的是现实的个体在特定的历史舞台上与他人共同进行着相互影响和相互制约的复调式合奏。

因此，个体总是从属于一定社会形式的个人，也总是处于一定的社会结构之中，并在具体的、客观的、不断变化的社会关系中通过一系列的行动与选择来塑造、建构我们的人生。我们也正是在确定的自然时间中展开我们的实践时间，并在过程中自觉或不自觉地形成我们每个人的人生观。正如马克思、恩格斯在《德意志意识形态》中强调的："我们的出发点是从事实际活动的人……不是处在某种虚幻的离群索居和固定不变状态中的人，而是处在现实的、可以通过经验观察到的、在一定条件下进行的发展过程中的人。"可以说，探求人的本质，从根本上说就是研究人和社会关系的问题。

刚才，我们通过对马克思主义关于人的本质的核心论断的探讨，从理论的层面揭开"人的本质"的谜题。接下来，我们不妨走到实践的广阔天地中，运用"人的本质"这一理论工具，分析现实生活中"个人与社会"也就是"大我与小我"的关系。我们说，时代各有不同，青春一脉相承。只有把人生理想融入国家和民族的事业中，才能最终成就一番事业。人与社会的对立统一关系决定了，人是社会中的人，社会是人的存在形式。因此，个体的发展离不开社会存在。正如马克思在《资本论》第一卷序言中所讲："不管个人在主观上怎样超脱各种关系，他在社会意义上总是这些关系的产物。"

在这个意义上，我们说，得其大者方能兼其小。辩证地看，我们个体的精神主动也能够推动社会的进步。正是一代代青年将自己的人生理想融入国家和民族的事业中，才换来了近代以来中华民族最接近伟大复兴的新时代。那么，在这个"乘风好去，长空万里"的新时代中，我们应当如何将"小我"融入"大我"呢？

事实上，只要回望一下五四运动以来一代代中国青年的"青春接力"，便能够更好地理解"得其大者可以兼其小"。1919年，北大学生许德珩所撰写的《北京学生界宣言》，发出了"岂能不作万死一生之呼救乎"的青春召唤，在五四的滚滚风雷里，那一年青年用鲜血、牺牲叩开了新民主主义革命的大门，为祖国点燃了全部的青春热忱；三十多年后，许德珩在另一个人的身上也看到了青春的光彩，那就是他的女婿，"两弹一星"功勋邓稼先。

1958 年，邓稼先接受了一项特殊的任务——放个"大炮仗"。在遥远而又艰苦的西北大漠上，他在给妻子的信中这样写道："假如生命终结后可以再生，那么，我仍然选择生在中国，选择从事核事业，选择你。"而 1958 年，与邓稼先同行的还有十几个刚毕业的大学生，青年竺家亨就是其中一员。六十年后，已是耄耋之年的他这样形容当初的选择："我们是普通的大学生。为了党和国家的需要，有关于国家安全、中华民族复兴这样重要的工作交给你，国家和人民这么信任你，要对国家和人民负责。"1964 年，当中国第一颗原子弹成功爆炸时，竺家亨的同乡、八岁的罗君东从老师的口中听到了这件大事。十几年后，他来到了初建时的深圳特区，投入另一件轰轰烈烈的大事中。作为深圳国贸大厦最早的施工设计者之一，四十年来，他将个人的奋斗融入特区的沧桑变化中。[①] 这样的奋斗传承到了"00 后"一代。2022 年北京冬奥会上，我们认识了一位 18 岁单板滑雪小将苏翊鸣，看到了同学们这一代青年更加自信、包容、开放的精神面貌。

习近平总书记在给苏翊鸣的回信中这样写道："你在信中说，出生在一个伟大的国家，成长在一个最好的时代，通过努力实现了自己的梦想，感到很幸运。"随后，他还提到："新时代是追梦者的时代，也是广大青少年成就梦想的时代。"而"在奋斗中创造精彩人生，为祖国和人民贡献青春和力量"正是习近平总书记为新时代青年提供的"得其大者可以兼其小"的追梦指南。在这个意义上，我们便能更好地理解青年马克思在一百多年前对"斯

---

① 本案例参考新华社微纪录片《国家相册》第二季第二集《青春的接力》。

芬克斯之谜"更深层次的解答："人们只有为同时代人的完美、为他们的幸福而工作，才能使自己也达到完美。"

在理论层面和实践层面的探讨后，我们不妨回顾本讲的重点内容。首先，我们探讨了马克思主义关于人的本质的核心论断，从唯物史观的立场理解了人的本质在其现实性上是一切社会关系的总和。随后，我们以此作为重要的理论工具，理解了个体与社会也就是小我与大我之间如细胞与有机体一般的对立与统一关系。需要请同学们特别注意的是，马克思主义关于人的本质的论断也是我们这门课的"阿基米德支点"，是我们随后理解"人生观""价值观""道德观""法治观"四个专题以及其所涵盖的六章内容重要的理论原点。以下是本讲的参考文献，请各位同学在课下自主延伸阅读。

最后，我给各位同学留一道圆桌讨论题。习近平总书记在庆祝中国共产党成立 100 周年大会上的讲话中寄语青年："新时代的中国青年要以实现中华民族伟大复兴为己任，增强做中国人的志气、骨气、底气，不负时代，不负韶华，不负党和人民的殷切期望！"请同学们阅读《习近平的七年知青岁月》（村民说）部分，分小组速写"我的社会学自传"，并从个人成长史的视角，探讨作为新时代的青年，怎样做到"得其大者可以兼其小"。

· 教学反思 ·

本讲选自《思想道德与法治》教材第一章第一节第一目"正

确认识人的本质",讲好这一主题先要全景把握"大中小学思政课程"的教材内容。纵观中小学思政课程,关于"人的本质"相关探讨已在情感与常识层面有所涉及(见表1-1),呈现出拾级而上的逻辑表达,以逻辑链的方式探讨了辩证理解"个人与集体""个人与社会"的关系。可见,按照故事讲述—情境说理—道理分析的叙事链条,中小学学段的学生经由教学已基本能够从常识意义上理解个人与社会之间的辩证关系。

表1-1　中小学学段教材关于"人的本质"相关探讨示意表

关键词	学　段	章　节	内　容
人的本质	小学三年级上册	第二单元	《我们的学校》
	小学三年级下册	第一单元	《我和我的同伴》
	初中七年级上册	第二单元	《友谊的天空》
	初中八年级上册	第一单元第一课	《丰富的社会生活》
	高中必修4	第二单元第六课	《实现人生的价值》

注：本书表格中"小学"指小学学段《道德与法治》教材,"初中"指初中学段《道德与法治》教材,"高中"指高中学段《思想政治》教材。

因此,大学学段相关教学应秉持原著意识,在教材体系向教学体系转化的过程中,锚定既往思政课教学经验性问题的延展、历年来学生普遍性问题的提炼与最新教学对象特殊性问题的生发等三个子问题,展开对"人的本质"这一主题的教学设计。对于本讲来说,为什么说"人的本质不是单个人所固有的抽象物,在其现实性上,它是一切社会关系的总和"是学生的核心关切。

因此，解读好其背后的理论逻辑是解决学生困惑点和教材理论重难点的密钥，这也构成了教学设计的起始点。在此基础上，本讲教学设计以理论与实践作为释读线索，立足思政课的本质"讲道理"，贯通理论说理与实践引证，通过"人猿揖别"揭示社会属性是人的本质属性，进而使学生更好地在"现实性""社会关系""总和"这一渐进式问题链中理解人的本质问题，并采取兼具历史感与时代性的串联性案例，以及较具亲切感和反思性的"我的社会学小传"速写，引导学生立足自身实际，在"得其大者可以兼其小"的意义上考察个体与时代的关系问题。"把道理讲深、讲透、讲活"是思政课的内在要求。在与学生的教学互动中，如何让说理更有吸引力，让论证更富感染力，是本讲以及诸下十一讲教学设计需要常态化提升之处。

第二讲

过与不及：错误人生观辨析

· 教学设计 ·

一、学情分析

1. 学生知识背景：经由前序教学内容的学习，学生对马克思主义关于人的本质的认识有一定理解，总体上掌握了人生观的基本要素，但对于如何明辨人生观仍不甚明确。

2. 教学内容背景：本讲选自《思想道德与法治》(2023 版)教材第一章第三节第二目，上承"辩证对待人生矛盾"这一内容。辩证对待人生矛盾为辨析错误人生观提供了一定的理论基础。本讲重点是向学生讲清楚错误人生观的表现和本质，从而引导学生树立正确的人生观。

二、教学目标

1. 知识与能力维：学生能够认识到错误人生观的两种表现，并透过现象看到错误人生观的本质，深化对正确人生观的认知。

2. 情感与价值维：青年学生在认清错误人生观的基础上，能够自觉抵制错误思潮的影响，坚定不移地用正确人生观指导实践。

三、教学重难点

1. 教学重点：依据实例阐释"过"与"不及"两种错误人生观的具体表现，并在分析其现实表达的基础上引导学生理解错误人生观背后的哲学实质。

2. 教学难点：对两种错误人生观的思想实质进行剖析，使学生在批判错误人生观的基础上认识其现实危害，进而思考何为正确人生观。

四、教学创新点

1. 以教材为蓝本，将错误的人生观划分为"过：拜金与享乐"和"不及：命定与躺平"两种面貌，在此基础上架构教学设计逻辑，从内容维度上实现教材体系向教学体系的拓展，切实帮助学生解决在人生观问题上的现实困惑。

2. 教学注重将理论与实践相结合，既从现象层面说明错误人生观的具体表现和不良后果，也从本质层面剖析错误人生观的哲学基础，从而帮助学生理解错误人生观"错在何处"。

五、教学方法

1. 案例分析法：分析错误人生观的具体案例，使学生更好地理解错误人生观的具体表现、不良后果及其思想本质。

2. 小组讨论法：指导学生分组阅读《青年在选择职业时的

考虑》这篇经典文献,观照当代亚文化表达,探讨"什么样的人生值得追求?"这一现实问题。

六、预习任务

请学生提前阅读教材的第一章第三节第二目"反对错误人生观",参阅马克思主义经典文本《青年在选择职业时的考虑》。

七、教学纲要

> 通过网络流行语词云图,引出本讲主题"过与不及:两种错误人生观"。

- 从马克思主义理论家胡绳对正误人生观的哲学判断入手,先从思想实质与现实表现来论述何者为"过",重点通过"拜金主义与享乐主义"阐明夸大能动性的人生观。
- 再从"不及"着眼,引导学生辨析"命定论"与"躺平论"在哲学意义与现实表达上的谬误性,特别从"躺平的谱系迁变"来论证唯心主义人生观在逻辑上的偏狭之处。
- 围绕课前已阅经典《青年在选择职业时的考虑》,分小组结合"躺平""内卷""好运喷雾""爱因斯坦的脑子"等流行亚文化表达,探讨"怎样的人生值得一过"。

> 梳理与总结,引发学生思考现实问题。

八、参考文献

[1]《青年在选择职业时的考虑》,载《马克思恩格斯全集》(第40卷),人民出版社,1982。

[2]《1844年经济学哲学手稿》,载《马克思恩格斯文集》(第

一卷），人民出版社，2009。

[3]《资本论》（第1卷），载《马克思恩格斯文集》（第五卷），人民出版社，2009。

[4]习近平：《在庆祝中国共产主义青年团成立100周年大会上的讲话》，人民出版社，2022年。

[5]习近平：《扎实推动共同富裕》，载《求是》2021年第20期。

[6]中华人民共和国国务院新闻办公室：《新时代的中国青年》，人民出版社，2022。

九、延伸阅读

1. 罗家伦：《写给青年：我的新人生观演讲》，中国人民大学出版社，2005。

2. 张君劢等：《科学与人生观》，山东人民出版社，1997。

3. 胡绳：《新哲学的人生观》，《胡绳全书》（第四卷），人民出版社，1998。

4. 鲁迅：《彷徨》，人民文学出版社，2021。

5. 阿尔伯特·爱因斯坦：《我的世界观》，张卜天译，商务印书馆，2018。

·节段实录·

各位同学好。这堂课我们将以"过"与"不及"为线索，一起来探讨错误人生观的两种类型。首先,我们不妨看看近年来大家广泛使用的网络流行语,尝试在其中读取当代青年主流价值观,这里有"觉醒年代""逆行者""强国有我""不忘初心"等正能量的流行语,还有"绝绝子""硬核""奥利给"以及"退!退!退!"等极具青春感的流行语。可以看到,今天青年主流价值观的主线是刚健有为、包容进取的。但是我们也要看到"凡尔赛""尾款人""躺平""摆烂""emo"等网络流行语,标示着青年人生观似乎还存在着"过"与"不及"的影子。接下来,我们不妨以马克思主义关于人的本质的论断作为理论工具,结合同学们生活实际,一起来明辨何者为"过",什么又是"不及"的错误人生观。

马克思在《关于费尔巴哈的提纲》第六条指出:"人的本质不是单个人所固有的抽象物,在其现实性上,它是一切社会关系的总和。"我们分别从"现实性""社会关系"与"总和"三个维度,论证了社会属性是人的本质属性,任何人都是处在一定社会关系中从事社会实践活动的具体的、现实的人,并在不断变化的社会关系与时代境遇中塑造、建构自己对于人生的根本看法,也就是人生观。以此为基础,马克思主义理论家胡绳在《新哲学的人生观》中对什么是正确的人生观给出了判断。他说,所谓正确的人生观能够正确地指示我们怎样把人生中的能动性和被动性配合起来,而一切错误的人生观不是夸大了能动性,抹杀被动性,就是夸大了被动性,抹杀能动性。

在这个意义上,我们便能够更好地理解以拜金主义与享乐主义为代表,对金钱和欲望过度追求的人生观,实质上是夸大了某种能动性。接下来,我们不妨一起来追问和探讨:为什么说"拜金主义与享乐主义"这种追求"小我"欲望满足的人生观是错误的？

首先，让我们站在唯物史观的立场，先来看看什么是拜金主义。在资本主义萌芽时期，莎士比亚最后一部悲剧《雅典的泰门》中就已给出了答案："金子！黄黄的，发光的，宝贵的金子！……只这么一点点，就可以使黑的变成白的，丑的变成美的，错的变成对的，卑贱变成尊贵，老人变成少年，懦夫变成勇士。"故事的主人公、雅典的贵族泰门，生性豪爽、乐善好施。在他有钱的时候，一众朋友进进出出门庭若市，而当他破产之后，却是门可罗雀。马克思也曾在《1844年经济学哲学手稿》中援引过这部戏剧，称莎士比亚所讲货币的特性之一，就是"使事物普遍混淆和颠倒"。

不过在《资本论》（第一卷）中，马克思则从更深层次洞悉了拜金主义的实质，并批判了"商品拜物教"以及它的发展形式"货币拜物教"。什么是货币拜物教呢？简单来说，就是在以资本主义私有制为基础的商品经济发展到一定阶段后，人们将货币无限神秘化甚至神圣化，人与人的社会关系被物与物的关系所掩盖，人的尊严和情感被淹没在金钱的铜臭和冷水之中。正如《共产党宣言》中所描述的："它使人和人之间除了赤裸裸的利害关系，除了冷酷无情的'现金交易'，就再也没有任何别的联系了。"

许多文学作品记录了在19世纪下半叶资本主义经济史上第一个黄金时代中，拜金主义盛行所造成的人的社会关系的异化，比如：莫泊桑的《我的叔叔于勒》生动刻画了在金钱面前，亲情这一血缘关系的异化；欧·亨利在《财神与爱神》这篇小说中，描绘了完全被金钱所扭曲、控制的爱情关系，而在我们更加熟悉的《百万英镑》中，马克·吐温讽刺了金钱是如何使人生、人性异化的。可以看到,拜金主义者不将金钱视为促进社会与人的全面发展的工具和手段;相反,他们认为金钱本身就是目的,可以支配、主宰一切,并将追逐金钱视为人生的全部意义,将金钱视为衡量人生价值的唯一标准,而钱权交易、行贿受贿、贪赃枉法等丑恶现象恰恰是拜金主义的分身。

那么,什么是享乐主义呢?我们要理解这个概念及其背后的消极影响,就要辨析清楚以下两个问题:其一,反对享乐主义是主张禁欲主义吗?其二,享乐主义引发了哪些个体的悲剧?首先,我们不妨走进东西方的古典时代。无论是古希腊第欧根尼式的"犬儒主义",摆脱一切世俗利益的苦行清修,还是先秦时期颜回式的"一箪食,一瓢饮,在陋巷",都是一种安贫乐道、独善其身的道德追求,有其特定的文化意义。但是,在社会主义市场经济条件下,我们反对享乐主义,并不主张大过苦行僧式的生活,也反对各种形式的禁欲主义。这里有一个非常朴素的逻辑,我们要促进经济社会发展,满足人民对美好生活的向往,实质上就是要鼓励大家追求正当消费与适度、健康的物质文化享受。我们所反对的享乐主义,事实上是把享乐特别是感官的享受作为人生的唯一目的,通过物质的占有和消耗达到心理满足。

我们再来看享乐主义所带来的个体悲剧,比如超前消费与攀比消费等非理性消费行为。近几年,出现了令人震惊的创业贷、求职贷、培训贷,这些造成了许多青春的悲剧。再比如"以贷还债"式的多头贷、"裸条"式的校园贷等过度借贷,致使个别大学生不堪还贷压力,选择以跳楼或是烧炭等极端手段结束生命,这背后便是享乐主义与消费主义在作祟。此外,还有沉迷于感官享乐的"游戏成瘾""手机成瘾""网文成瘾"等"软瘾"。恰恰如尼尔·波兹曼在《娱乐至死》中借用赫胥黎的《美丽新世界》所描述的，在人的欲望可以随时随地得到完全满足的新世界，人性在机器的碾磨下反而灰飞烟灭了，他说道："赫胥黎担心的是我们的文化成为充满感官刺激和无规则游戏的庸俗文化，担心的是我们将毁于我们所热爱的东西。"

今天，我们可以看到，拜金主义、享乐主义所催生的"恶之花"毁掉了一小部分党员曾经的"书生意气"与"踌躇满志"，比如2021年2月，因贪欲受贿1.2亿元而被判处有期徒刑十五年的陈刚。陈刚，清华大学毕业，31岁成为北京市规划委副主任，40岁成为北京市副市长，是中国科协原党组成员、书记处书记。我们不禁会问，这样曾经顺遂的人生为何一步步走向深渊？在陈刚的陈述中，他谈及受贿而来的极尽奢华的私家园林时，有这样一段话："很愚蠢的、很愚昧的做法，根子是小我。……那么大代价，获得了那些个人的、物质的东西，它值得吗？现在说句心里话，相对我自己的人生价值而言、我的生命价值而言、我的事业价值而言，我真觉得它不值。"可遗憾的是，这样的反思并不能够挽回错误人生观所酿成的悲剧。在这个意义上，我们说，如何以马克思主义关于人的本质的认识作为理论工具来检省人生，把握好个体与社会之间的辩证关系，是我们扣好青春扣子的第一步。

除了过分夸大了人的主体性、能动性，崇尚个人至上、金钱至上的"享乐主义"与"拜金主义"，还有一种抹杀主体性和能动性的"不及"人生观萦绕在我们的身边，消解、蚕食着人生的意义，我们不妨用"命定"或"躺平"来概括它。"命定"的人生观是一种典型的唯心主义宿命论，认为个人作为是于事无补的，努力并不能改变人生的遭遇。持这种人生观的人或将人生的希望寄托在超自然的"神力"上，或是消极悲观地等待所谓命运的审判。比如在网络上被广泛关注的"青年上香热""好运喷雾"以及在某网站上被疯抢的"爱因斯坦的脑子"等。

再比如我们所熟悉的鲁迅笔下令人唏嘘的人物。《祝福》中的祥林嫂听从了柳妈的主意，认为到庙里捐一条门槛就能赎了这一世的罪名。她将人生的希望寄托在神力之上，而当她发现神明并不能改变她的人生，便陷入绝望之中，最后便"分别已经纯乎是一个乞丐了"。再如《在酒楼上》的吕纬甫曾一度是生活的闯将，但在屡遭挫折后变得一蹶不振，认为人生"无非做了些无聊的事情，等于什么也没有做"，最后消失在寒风和雪片之中。事实上，正如马克思在《关于费尔巴哈的提纲》中所讲："全部社会生活在本质上是实践的。凡是把理论引向神秘主义的神秘东西，都能在人的实践中以及对这种实践的理解中得到合理的解决。"头脑中思绪万千并不能解决任何问题，现实的问题只能由实践来解决。

相对于唯心史观意义上的"命定"，以"躺平""摆烂"为代表的人生观成为我们今天的青年关切的热点。一小部分持"躺平"观念的人认为人生没有乐趣，选择奋斗不如选择"躺平"，以此来逃避生活中的挑战与困难。我们这里首先要重读"躺平"的意味。"躺平"到底指的是什么？它其实指的是一种无欲无求、甘居下游的状态，同时也意味着对某种失败的承认。"躺平"并不是从天而降的，而是有其自身的谱系，并以网络流行语的形式不断进化。从"屌丝""杀马特"到"干一天玩三天"廉价打工者深圳的"三和大神"，再到"佛系"的流行，"躺平"的逻辑有迹可循。

在"躺平"者看来，如果骆驼祥子早就看穿他是极有可能买不到洋车的，那他就不必那么顽强拼搏起早贪黑了。但是，即便是宣称要"息交以绝游"的陶渊明，仍然要为生活所迫，不仅要"种豆南山下"，还要为"草盛豆苗稀"而感伤。因此，从人是一切社会关系的总和这一"人的本质"来讲，一个不争的事实是：我们寄寓在滚滚红尘中的沉重肉身有独立于精神之外的必然性物质要求，这使得我们无法在根本上躺平。

马克思曾批判这种认为人在客观力量面前无能为力的人生观。他在《青年在选择职业时的考虑》中指出："妄自菲薄是一条毒蛇，它永远啃噬着我们的心灵，吮吸着其中滋润生命的血液，注入厌世和绝望的毒液。"今天，虽然我们在网络上仍然能够听到"躺平"与"摆烂"等自嘲、抱怨的声音，但是在更广泛的青年中，我们看到的是"勇敢牛牛、不怕困难"这样类似的正能量的破圈与共鸣。接下来，请大家围绕课前已阅经典《青年在选择职业时的考虑》，分小组结合"躺平""内卷""好运喷雾""爱因斯坦的脑子"等流行亚文化表达，尝试在"过"与"不及"之间找到中道，探讨究竟"怎样的人生值得一过"。

下面，我们不妨简单总结一下本讲课程，我们以"过"与"不及"为线索，探析了形形色色的错误人生观。前者探讨了拜金主义、享乐主义的消极影响，后者辨析了"命定论"与"躺平论"唯心史观倾向。总之，我们建构自己的人生观，不能从抽象的人性论出发，更不能依靠所谓神的启示，因为我们的一切衣食住行与精神生活等生存、发展的需要都离不开他者与社会。正如马克思、恩格斯在《德意志意识形态》中的告诫："作为确定的人、现实的人，你就有规定，就有使命，就有任务，至于你是否认识到这一点,那都是无所谓的。这个任务是由于你的需要及其与现存世界的联系而产生的。"

在这个意义上,我们才说,时代各不相同,但青春一脉相承。百年前,一群新青年的任务和使命就是在风雨如晦的时代中苦苦探寻民族复兴的前途。而在今天,我们也有既定的任务和使命,那就是成为以中国式现代化推动中华民族伟大复兴的先锋力量。下面是本讲的参考文献与延伸阅读,请同学们课下自主选择。

最后,给各位同学留一道思考题。习近平总书记曾经讲:"幸福生活都是奋斗出来的,共同富裕要靠勤劳智慧来创造。"他还指出:"要防止阶层固化,畅通向上流动通道,给更多人创造致富机会,要形成人人参与的发展环境,避免'内卷''躺平'"。请同学们阅读罗家伦先生在百年前书写的《写给青年:我的人生观演讲》,运用"人的本质"理论,尝试思考:在全面建设社会主义现代化国家的新征程上,时代新人应当树立怎样的人生观?

• 教学反思 •

本讲选自《思想道德与法治》教材第一章第三节第二目"反对错误的人生观",隶属于"创造有意义的人生"一节。事实上,纵观大中小学思政课程的教材内容,"错误人生观"的相关探讨略有涉及(见表 2-1),多停留在对错误人生观表现的讨论上。

表 2 - 1 中小学学段教材关于"错误人生观"相关探讨示意表

关键词	学 段	章 节	内 容
错误人生观	小学四年级上册	第三单元	《信息万花筒》
	小学四年级下册	第二单元	《做聪明的消费者》
	高中必修 4	第二单元第六课第二节	《价值判断与价值选择》

在大学学段相关教学中，对"错误人生观"的释明则重在有现实针对性地展开哲理探讨。也就是说，本讲教学设计的展开应当从青年学生当下普遍关切的现象出发，将其作为教学增值的问题点融入既定的教学内容之中，在把握青年兴趣点的基础上，以马克思主义关于正确人生观的哲学认识作为主线，站在历史唯物主义的立场上回答：何谓人生观？正确人生观与错误人生观的根本区别是什么？以此为基础，本讲建构"过"与"不及"的教学逻辑线索：在教学实施过程中，先是释明"过"的意涵，讲清楚教材体系中的享乐主义与拜金主义背后的哲学省思，通过文学作品和现实案例分析其现实表现与具体危害；再抓住"不及"的哲学纽结，引导学生学会考察辨析"命定论"与"躺平论"等类唯心主义人生观的逻辑谬误与现实病症；最后，回归到经典原文释读的角度，引导学生在"学原著、读原文、悟原理"的过程中，以朋辈共研的方式对盘桓于网络舆论中的错误人生观进行苏格拉底式的追问与讨论。当然，在实际教学过程中，怎样立足学生不同专业，进行有针对性的"现实向"讨论引导，仍是摆在教学实践中的重要课题。

第三讲
现实与未来：共产主义远大理想

· 教学设计 ·

一、学情分析

1. 学生知识背景：经由前序教学内容的学习，学生已对什么是马克思主义、为什么要坚定马克思主义信仰等问题存有基本认知，但学生仍对如何理解共产主义远大理想存有一定疑惑，需要教师予以释疑和引导。

2. 教学内容背景：本讲节选自《思想道德与法治》（2023版）第二章第二节第一目，作为时代新人"信念体系"中的信仰部分，统摄着后续信念与信心两部分内容的讲解，讲清楚"为什么说共产主义是远大理想"是释明时代新人"信念体系"的关键环节。

二、教学目标

1. 知识与能力维：学生能够在理解理想信念的内涵与特征基础上，掌握共产主义的丰富蕴含，并能够辨析与回应对共产主义远大理想的种种误读，从而坚定共产主义远大理想。

2. 情感与价值维：学生通过理论学习厘清共产主义的科学性与实践性，明确实现共产主义远大理想的长期性和艰巨性，从而在学理认识的基础上坚定共产主义远大理想，自觉为实现这一理想而奋斗。

三、教学重难点

1. 教学重点：通过现实与未来两个时间维度逐步引导学生思考共产主义的科学性、长期性和艰巨性，从而使学生认识到胸怀共产主义远大理想的必要性，引导学生坚定远大理想。

2. 教学难点：通过学理分析与案例分析的方式回答学生对共产主义的一般性理论困惑，在问题链的解答中引导学生逐步认识到共产主义科学内涵的未来指向，促使其自觉地坚定共产主义远大理想。

四、教学创新点

1. 本讲将从"现实：共产主义理想何以科学"和"未来：共产主义理想何以远大"这两个维度构建教学设计，以问题链的方式逐步引发学生思考，通过回应对共产主义的种种误解，使学生理解共产主义的科学内涵。

2. 教学坚持以问题为导向，通过援引马克思主义经典著作、国际共产主义运动史、中国共产党历史，有力论证共产主义的科学性、长期性和艰巨性，从而批判对共产主义的歪曲和误读，在问题澄清中坚定学生的远大理想。

五、教学方法

1. 探究式教学法：教学将通过对马克思主义经典著作的理论阐释，引导学生理解共产主义的科学内涵，并通过反驳种种理论误释，帮助学生澄清和辨明共产主义，提高学生的理论思辨能力。

2. 问题链教学法：教学将通过设置"共产主义理想何以科学"与"共产主义理想何以远大"等学生关心关切的问题，在解疑释惑中增进学生对共产主义远大理想的理解和认识。

六、预习任务

请学生提前阅读教材的第二章第一节第一目中的"理想的内涵与特征"、第二节第一目中的"胸怀共产主义远大理想"，并学习习近平总书记在考察中国人民大学时的重要讲话。

七、教学纲要

> 通过郭沫若《马克思进文庙》一文中孔夫子与马克思之间的穿越性对话，引出主题。

- 以"现实"空间为主线，剖析"共产主义理想何以科学"。结合现实中的一般性疑问，立足马克思主义经典文本，借由问题链的形式追问共产主义为何不是空想亦不是幻想，在回应问题的过程中释读共产主义理想的科学性。
- 以"未来"时间为主线，解读"共产主义理想何以远大"。结合当下的普遍性疑问，立足国际共产主义运动实践，通过问题链的形式追问共产主义为何是漫长且艰辛的，在回应问题的过程中读解共产主义理想的实践性。

> 梳理与总结，结合课前预习任务，作以理论升华。

八、参考文献

［1］《共产党宣言》，载《马克思恩格斯选集》（第一卷），人民出版社，2012。

［2］《哥达纲领批判》，载《马克思恩格斯选集》（第三卷），人民出版社，2012。

［3］列宁：《国家与革命》，载《列宁选集》（第三卷），人民出版社，2012。

［4］毛泽东：《唯心历史观的破产》，载《毛泽东选集》（第四卷），人民出版社，1991。

［5］习近平：《坚定理想信念　补足精神之钙》，载《求是》2021年第21期。

九、延伸阅读

1. 《论原始基督教的历史》，载《马克思恩格斯选集》（第四卷），人民出版社，2012。

2. 中共中央宣传部理论局：《世界社会主义五百年》，学习出版社，2014。

3. 孙正聿：《理想信念的理论支撑》，吉林人民出版社，2014。

4. 叶顶：《一封家书》，江苏凤凰文艺出版社，2019。

5. 托马斯·莫尔：《乌托邦》，戴镏龄译，商务印书馆，1982。

· 节段实录 ·

各位同学好，这堂课我们将以现实与未来为线索，一起来探讨理解共产主义远大理想的正确打开方式。首先，让我们穿越回 1926 年，来看一段关于理想的超时空对话，这段对话出自郭沫若在《洪水》杂志发表的一篇文章《马克思进文庙》。对话的双方就是"马克思"与"孔夫子"，让我们来看看他们说了什么。孔夫子率先发问：你的理想世界是怎样的呢？马克思顿了顿，答道：我的理想世界是一个人人自由平等，并且能够"各尽所能、各取所需"的共产社会。孔夫子有些激动地回应道：你这个理想社会与我的大同世界的理想是不谋而合、完全一致的。但是，马克思含蓄地说道："不过，我的理想和从前的空想家们不同，我的理想不是虚构出来，也并不是一步可以跳到的。"那么，马克思的"共产社会"理想究竟是怎样的一种理想呢？

接下来，我们不妨就从现实的时间维度开始讲起，先来看看为什么马克思说他理想不是虚构出来的空想或幻想。要回答这个问题，需要我们一起回到世界社会主义 500 年的发展历程中。同学们都知道，在 16—17 世纪，包括《乌托邦》在内的空想社会主义三部曲先后诞生。这些作品揭露了资本主义原始积累带来的现实罪恶，但是却从唯心史观出发，把消灭这些现实罪恶的希望寄托在弥赛亚的出现上。18 世纪的空想社会主义者摩莱里、马布利等人虽然给出了更为具体的共产主义法制蓝图，描绘了一个完美、平等的共和国。但是，他们对现实的批判，也始终局限在形而上的立法范畴。

到了 19 世纪初期，出现了法国的圣西门、傅立叶和英国的欧文三大空想社会主义者，尽管他们提出了"人人应当劳动"等在当时极为天才的发现，但是他们改造世界的方法仍然没有走出道德疾呼的层面。比如：傅立叶就将实现共产主义的愿望寄托在"与虎谋皮"上。怎样"与虎谋皮"呢？他不仅多次上书当时的法国皇帝，希望皇帝改旗易帜，建设一个公有制的共产社会，同时还登出广告，恳求资本家慷慨解囊投资建设一个没有剥削的共产主义社会。这在我们今天看来简直是缘木求鱼。恩格斯曾经对空想社会主义学说如此评价道："这种诉诸道德与法的做法，在科学上丝毫不能把我们推向前进。"那何以在科学上前进？自 1848 年《共产党宣言》发表以来，马克思的"两大发现"使社会主义从空想走向科学。这"两大发现"就是同学们在高中就已经接触过的唯物史观和剩余价值学说。我们知道，它们分别揭示了人类社会发展的一般规律和资本主义剥削的秘密。

在对资本主义进行病理解剖的过程中，马克思科学论证了资本主义生产过程中生产社会化与生产资料私人占有内生性的矛盾，这种"资本与劳动"之间不可克服的矛盾外显为 1825 年至今周期性的经济危机。我们不妨先从 20 世纪以来的"近经济危机"中感受这种资本主义的"癌变"。在 20 世纪 50 年代至 70 年代所谓西方资本主义经济发展黄金时期前后，伴随着多次系统性的经济危机：先是 1929—1933 年的大萧条中，资本主义世界试图通过凯恩斯主义等经济政策走出危机；但是到了 70 年代，夹杂着中东地缘政治冲突的石油危机，在一定程度上宣告传统凯恩斯主义失效了；在经历了动荡的 70 年代以后，新自由主义经济政策登场,但并未有效调节资本主义的基本矛盾;在历经1997 年几乎令韩国等国破产的亚洲金融海啸后,终于在 2008年爆发了全球性的国际金融危机,以前所未有的灾难级别冲击着世界经济,并伴生出如 2010 年的欧洲债务危机等。对于资本主义这种持续性的,且不断加重和升级的经济危机,马克思在《共产党宣言》中早已给出科学判断:"资产阶级克服危机的办法,不过是资产阶级准备更全面更猛烈的危机的办法。"

事实上,间歇性经济危机必然造成愈发严重的贫富差距,比如 1990 年美国最富有的 1％的家庭财产是美国最贫穷的 50％的家庭财富总和的 6 倍,而今天这个数字已经变为 16 倍。近来引起全球关注的美国无差别枪击案等社会冲突,究其本质,恰恰是贫富差距的现实产物。在这个意义上,我们说,马克思所设想的通过无产阶级解放运动,建设一个在《资本论》首卷中明确提出的"以每一个个人的全面而自由的发展为基本原则的社会形式"的共产主义社会并非空想。

在此基础上,马克思主义经典作家还科学预测了共产主义社会的总体特征,比如物质财富极大丰富、消费资料按需分配、消灭私有制等。于是,问题又来了。有人会仅仅站在我们当下的经验世界,对其中的"按需分配"和"消灭私有制"提出质疑,认为这些是违背人性的,不过是渺茫的幻想。有人认为,按需分配是不合理的,因为人的需要是无限的。又有观点认为消灭私有制是消灭个人财产,这简直不可想象。对此,我们不妨逐个辨明。个人的需要真的是无限的吗?回答这个问题的钥匙在于我们应该如何理解"需要"。豪车、豪宅再到比现实中的房屋还要贵上十倍甚至几十倍的元宇宙房产,以及网络热议的国外某奢侈品品牌推出的售价达 1.2 万元的限量款脏脏鞋。请问大家，这真的是我们需要的吗？还是马克思所说的"工业的宦官"伙同消费主义所制造出来的"病态的欲望"呢？

　　什么才是人的客观真实的需要？这里或许可以借鉴社会心理学家马斯洛晚年重新提出的人的需求层次理论，这一理论兼顾到了人的自然属性以及最本质的社会属性。事实上，在其现实性上，人作为一切社会关系的总和，我们有着从生存需要到交往需要再到"尽己为人、推己及人"过程中拾级而上的自我实现的需要。因此，人真实的需要决然不是横向的物欲的无限扩张，而是纵向的、从物质到精神螺旋上升的多维需求。比如说，在共和国勋章获得者们的身上，我们总能感受到当人刺破狭隘的物质需求，将"小我"融入"大我"进而自我实现的壮美与崇高。

　　我们再来回应第二种论调：有人认为共产主义社会"消灭私有制"就意味着消灭个人财产。我想请各位同学先回答一个问题：共产主义的"产"指的是什么？是"私人财产"吗？大家思考一下。其实，马克思、恩格斯早在《共产党宣言》中明确澄清，我们不是要"消灭构成个人的一切自由活动和独立的基础的财产"，而是要"消灭那种以社会上的绝大多数人没有财产为必要条件的所有制"。确切地说，我们要消灭的实质上是资产阶级的所有制。换言之，"共产主义并不剥夺任何人占有社会产品的权利，它只剥夺利用这种占有而奴役他人劳动的权力"。因此，这里的"产"并非指个人财产，而是指生产资料。在这个意义上，一部《觉醒年代》到底觉醒了什么？最核心的就是思想觉醒，就是要坚定共产主义远大理想，实现绝大多数中国人民的当家作主。

　　刚刚，我们立足现实这个时间维度，通过对空想与幻想等错误认识的回应,我们知道,共产主义理想不是虚构出来的,它是一种建立在对客观规律的把握之上的科学学说。当然,我们也要客观认识到,之所以将共产主义理想称为远大理想,在于它不是一步可以跳到的,从未来的时间维度看,其原因在于实现这个理想过程的艰巨性与对现实的超越性。

正因为如此,马克思站在唯物史观的视角,在《〈政治经济学批判〉序言》中特别指出:"无论哪一个社会形态,在它所能容纳的全部生产力发挥出来以前,是决不会灭亡的;而新的更高的生产关系,在它的物质存在条件在旧社会的胎胞里成熟以前,是决不会出现的。"于是,有人产生了如下的质疑:"共产主义如此遥远,那与我有何关系呢?"还有人会反问,"共产主义未经实践检验,何以能够确信?"其实,这两种论调大体都陷入到了同一种逻辑洞穴中,那就是把共产主义仅仅当成了静态的理论学说,没有用联系的、发展的观点认识到其自身的辩证性。这个辩证就体现在:一种理想之所以能够成为推动人们创造美好生活的巨大力量,就在于它不是对现状的简单描绘。用马克思、恩格斯在《德意志意识形态》中的话说:"共产主义对我们来说不是应当确立的状况,不是现实应当与之相适应的理想。我们所称为共产主义的是那种消灭现存状况的现实的运动。这个运动的条件是由现有的前提产生的。"也就是说,共产主义本身作为一种现实的运动,意味着它是未来奋斗目标与具体实践过程的辩证统一。

当然我们必须承认,这个实践过程是漫长而艰辛的。何以漫长?按照马克思主义经典作家的理论预见,共产主义社会的发展阶段分为相对不成熟的共产主义第一阶段,也就是社会主义阶段,这是一个很长的历史阶段,以及更加成熟的共产主义高级阶段。今天，中国特色社会主义新时代正处于社会主义初级阶段，在这个时间轴上，我们可以清晰地看到，未来我们当然还有很漫长的一段路要走。

何以艰辛呢？我们可以从共产主义运动发展过程来看。从1871年历史上第一个无产阶级政权巴黎公社的失败，到十月革命建立的第一个无产阶级领导的社会主义国家俄罗斯苏维埃联邦社会主义共和国，到1921年中国共产党诞生后中国共产主义运动开始启航，再到第二次世界大战后国际共产主义运动的勃兴，及至1991年苏联解体，国际共产主义运动再次陷入低潮。西方学者福山提出的"历史终结论"一度甚嚣尘上，西方舆论场更是恶意鼓吹所谓"中国崩溃论"。但是，正如毛泽东在《唯心历史观的破产》中所讲："自从中国人学会了马克思列宁主义以后，中国人在精神上就由被动转入主动。"在几代人的接续奋斗中，中国特色社会主义进入新时代，科学社会主义在21世纪的中国焕发出强大的生机活力。

下面，让我们从"两个甲子"的变迁来看一看共产主义运动在中国所显示出的强韧力量。同学们都非常熟悉谢缵泰先生1898年所作的《时局图》，他直观地表现了西方列强对中国的侵略瓜分。此后，在经历了"无量头颅无量血"，却"可怜购得假共和"的历史以后，历史最终选择了马克思主义，中国的共产主义运动也渐进改变了世界局势。

可以看到，1900年八国联军的GDP占世界总量的50%，主宰着整个世界政治格局，决定着他国人民的命运。到2000年时，虽然由老牌资本主义强国所组成的八国集团仍然占世界GDP总量的47%，但是由于其自身无法克服的经济危机，到2019年除俄罗斯外的七国集团GDP总量下降34.7%。需要注意的是,与此同步的是自 2001 年起,中国在 GDP 总量上对原有八国中绝大多数国家的强势超越。自 2010 年超过日本一跃成为世界上第二大经济体后,十三年来中国的 GDP 由 54 万亿元迅速增长为 120 万亿元。在这个意义上,我们说,从 1901 年句句含悲的《辛丑条约》到 2021 年的中美安克雷奇会谈,我们正告美国"你们没有资格在中国的面前说,你们从实力的地位出发同中国谈话"。两个甲子的沧桑巨变恰恰印证了,社会主义中国所取得的每一个成就,都是攀向共产主义这座人迹未至的高山所留下的坚实足迹。

如今,面对全球难题,中国特色社会主义彰显出巨大的优越性。改革开放以来中国 7.7 亿农村贫困人口摆脱贫困,占同期全球减贫人口 70% 以上。同时,面对西方资本主义私有制生产中"资本至上"的盲目性,我们以公有制为主体的、坚持"人民至上"的制度优势日益彰显;面对全球呈现的劳动中相对贫困者问题,我们在全面建成小康社会的基础上,正在有力扎实推进共同富裕;而面对全球性的生态危机,我们提出了"绿水青山就是金山银山"这一新时代的自然辩证法。

当然,共产主义不是"土豆烧牛肉",绝不是唾手可得、一蹴而就的,这个最高理想是需要一代又一代中国青年接力奋斗的。过去,我们的先辈、父辈与兄辈为了这个理想前赴后继,在血与火的磨砺中,用无私的奉献与无数的牺牲叫日月换了新天,托举起一个站起来、富起来以及正在强起来的新中国。今天,为共产主义远大理想而奋斗的使命交到了我们这一代手中。

因此,我们有必要站在现实的时间维度,破除认为共产主义是空想或是幻想的错误认知,从理论上理解共产主义理想的科学性；同时，还要从未来的时间维度考量，明辨实现共产主义远大理想的艰巨与漫长，它的实现需要我们接续奋斗、永久奋斗。在这个意义上，只有全面理解共产主义作为崇高信仰的科学性与实践性，才能够在青春的赛道上激发更为主动的精神力量，在强国建设、民族复兴的新征程中久久为功。

最后，我给同学们留一道思考题。习近平总书记在中国人民大学考察时，引用毛泽东为陕北公学的题词：“要造就一大批人，这些人是革命的先锋队。这些人具有政治远见。这些人充满着斗争精神和牺牲精神。这些人是胸怀坦白的，忠诚的，积极的，正直的。这些人不谋私利，唯一的为着民族与社会的解放。这些人不怕困难，在困难面前总是坚定的，勇敢向前的。这些人不是狂妄分子，也不是风头主义者，而是脚踏实地富于实际精神的人们。”所谓“安危不贰其志，险易不革其心”。正如党的二十大报告所提到的，以中国式现代化全面推进中华民族伟大复兴，需要一大批怀抱梦想、脚踏实地、敢想敢为、善作善成的新时代青年。请同学们观看电影《横空出世》，思考今日的我们怎样立足所学专业，成为强国先锋和复兴栋梁。

· 教学反思 ·

本讲选自《思想道德与法治》教材第二章第二节第一目“增强对马克思主义、共产主义的信仰”，是“坚定信仰信念信心”一节中开局性理论问题。纵观中小学学段教材体系，小学与初中学段《道德与法治》教材体系并未涉及对"共产主义远大理想"的探讨,《思想政治》高中必修 4 第二单元第五课第二节"社会历史的发展"中,从"社会历史发展的规律"和"社会历史发展的总趋势"两个角度探讨了实现共产主义是历史的必然趋势。由于中小学学段就"共产主义远大理想"这一问题的探究并不多见,学生对相关概念存在一定程度的陌生化与距离感。

在大学学段,对"共产主义远大理想"的教学设计,重在讲清楚"为什么说共产主义是远大理想"这一学生的困惑点。教学设计置于"坚定信仰信念信心"一节的整体设计中,本讲循按"鹄""镞""弩"①这一逻辑顺序展开,即宏观立意、中观取义与微观阐释三个层面——在宏观上释明时代新人的"信念体系",在中观上强调与中小学教材中的"理想信念"相关探讨贯通链接,从而在微观意义上有针对地对共产主义远大理想进行学理剖析。由此,教学设计以现实与未来两个时间维度作为线索,将前述学生困惑一分为二地给予回应:从现实维度上,回答"为什么说共产主义不是幻想、空想";从未来维度上,回答"为什么实现共产主义是漫长、艰辛的",从而引导学生于体认共产主义既是一种科学学说,又是一种现实运动的基础上,全面理解共产主义远大理想。在具体教学尝试中,需要注意以下方面:一是将旧知融入教学内容,扫清学生理论读解障碍,如以知识唤醒的方式将共产主义的基本特征融入讲授过程中;二是将问题植入教学衔接,帮助学生形成问题逻辑,如为什么说共产主义远大理想不是虚构的? 不是一步可以跳到的? 三是将变革嵌入教学示例,引领学

---

① 语出(清)袁枚《续诗品·尚识》:"学如弓弩,才如箭镞,识以领之,方能中鹄。"

生明晰为实现远大理想而奋斗的中国实践，如用一组定量数据对比百年来中国 GDP 与"八国联军""七国集团"的变化浮沉。在此基础上，学生大体能够在联通内容逻辑、问题逻辑与实践逻辑的前提下，形成对共产主义远大理想的深层认识。但是，在实际教学的多维评价性反馈中，教学设计仍然需要在理论深度、现实厚度与行动力度上，于讲透"共产主义远大理想"之谓"远大"这一问题上久久为功，以期达到最广泛地从"行"的层面解决学生的理想信念问题。

第四讲

缘何与如何：中华民族伟大复兴

· 教学设计 ·

一、学情分析

1. 学生知识背景：经由中小学学段思政课相关内容的学习，学生对实现中华民族伟大复兴具有较强的情感认同，但对于实现中华民族伟大复兴中国梦的生成逻辑与具体所指，特别是推进民族复兴的实践逻辑存有模糊认知，需要教师加以澄明。

2. 教学内容背景：本讲选取内容为《思想道德与法治》(2023 版)第二章第二节第三目，是"坚定信仰信念信心"的收束部分。通过前序课程，学生对共产主义远大理想与中国特色社会主义信念已经有了初步认识，本讲将接续已授内容，着重廓清中华民族伟大复兴的历史逻辑与实践逻辑，引导学生增强对实现中华民族伟大复兴的信心。

二、教学目标

1. 知识与能力维：学生能够掌握中华民族伟大复兴的具

体所指与战略安排,在近代以来的中国历史发展进程中,读解中华民族伟大复兴的历史逻辑,并初步认识"以中国式现代化全面推进中华民族伟大复兴"这一命题的实践逻辑。

2. 情感与价值维:青年学生能够理解实现中华民族伟大复兴的艰巨性以及以中国式现代化全面推进中华民族伟大复兴的优越性,从而在理性认识的基础上,通过小组同侪讨论与实践探究,自觉践履强国一代的担当。

三、教学重难点

1. 教学重点:引导学生从中华文明的纵向历程中,正确理解实现中华民族伟大复兴的历史逻辑,从横向的世界比较中理解以中国式现代化全面推进中华民族伟大复兴的优越性及其世界意义,从而培养学生对中华民族伟大复兴的理性认知。

2. 教学难点:将中国式现代化这一理论热点融入教学内容,使学生在厘清中国式现代化的中国特色基础上,加深学生对中国式现代化相较于西方资本主义现代化的进步性与道义性的认识,从而引导学生在比较视域下增强对实现中华民族伟大复兴的信心。

四、教学创新点

1. 在学生问题点与教材重难点结合的基础上,从"缘何:中华民族伟大复兴的历史逻辑"与"如何:中华民族伟大复兴的实践逻辑"两个角度架构教学设计,通过纵向历史梳理与横向实践比较,使学生正确理解中华民族伟大复兴的基本理论问题,增强教学的吸引力。

2. 教学注重史论结合,使学生在实现中华民族伟大复兴的历史选择和实践进程中,理解中国共产党带领中国人民以中国式现代化全面推进中华民族伟大复兴的道义性、优越性与可行性。在此基础上,引导学生在历史寻溯与实践表达中增强对实现中华民族伟大复兴的信心。

五、教学方法

1. 史论结合法:通过考察和梳理实现中华民族伟大复兴的历史逻辑和实践逻辑,阐明以中国式现代化全面推进民族复兴的优越性与可行性,从而使学生寓古思今,在增强实现中华民族伟大复兴的信心的同时,自觉思考强国一代的使命。

2. 案例分析法:通过对全球现代化不同模式的比较,对大量数据与案例进行分析,从过硬的事实出发,使学生在事实性论据中理解中国式现代化相较于以往现代化形式的优越性,从而进一步增强其实现中华民族伟大复兴的信心。

六、预习任务

请同学们提前阅读教材第二章第二节第三目"增强对实现中华民族伟大复兴的信心"和习近平总书记在《求是》杂志 2023 年第 16 期发表的重要文章《中国式现代化是强国建设、民族复兴的康庄大道》。

七、教学纲要

> 从 1932 年《东方杂志》的新年征"梦"以及时人对"中国梦"的诠解，引出本讲主题。

- 先以"民族复兴缘何成为梦想"为追问线索，从实现中华民族伟大复兴的纵向历史逻辑入手，在"选择的历史"与"历史的选择"这一进程中，讲清楚"缘何要复兴""谁能引领复兴"以及"中华民族伟大复兴的基本内涵"等问题。
- 再从"何以实现中华民族伟大复兴"的追问着眼，从横向历史比较的维度阐释以中国式现代化推进中华民族伟大复兴的优越性与可行性，从而帮助学生在理性认知上增强对实现中华民族伟大复兴的信心。

> 总结实现中华民族伟大复兴"为什么—是什么—怎么办"的基本逻辑，引导学生增强实现中华民族伟大复兴的信心。

八、参考文献

[1]《资本论》(第一卷)，载《马克思恩格斯文集》(第五卷)，人民出版社，2009。

[2] 中共中央文献研究室：《习近平关于实现中华民族伟大复兴的中国梦论述摘编》，中央文献出版社，2013。

[3] 习近平：《论党的青年工作》，中央文献出版社，2022。

[4] 习近平：《习近平著作选读》(第一卷)，人民出版社，2023。

[5] 习近平：《中国式现代化是强国建设、民族复兴的康庄大道》，载《求是》2023 年第 16 期。

九、延伸阅读

1. 本书编写组：《中国共产党简史》，人民出版社、中共党史出版社，2021。

2. 柳青：《创业史》，中国青年出版社，2009。

3. 阿耐：《大江东去》，长江文艺出版社，2009。

4. 林毅夫：《解读中国经济》（增订版），北京大学出版社，2014。

5. 艾瑞克·霍布斯鲍姆：《极端的年代：1914—1991》，郑明萱译，中信出版社，2017。

6. 李约瑟：《文明的滴定》，张卜天译，商务印书馆，2020。

· 节段实录 ·

各位同学好，这堂课我们将以"缘何"与"如何"为线索，一起来探讨和理解中华民族伟大复兴这一主题。首先，让我们穿越历史，来看一场1932年的新年征"梦"。这一年的年底，当时极有影响力的《东方杂志》，以"先生梦想中的未来中国是怎样？"为邀约，向各界知名人士征集"梦想"，并在第二年年初刊出了那个时代的"中国梦"。比如，叶圣陶先生说"个个人有饭吃，有工作做"，史学家顾颉刚说"没有人吸鸦片、吞红丸"，而报业先驱邹韬奋则将"没有帝国主义和军阀"视为他的中国梦。此时，鲁迅先生也听说了这场梦，他说："虽然这梦是好的，但是如果不梦见实现梦想之前的阶级斗争，只去说，好社会是不会来的。"不过，先生又说，通过阶级斗争来实现梦境的人是有的。那么，这些人是谁？

历史给出了我们真切的答案，那就是中国共产党。一百年来，中国共产党团结带领中国人民的一切奋斗、一切牺牲、一切创造，归结起来就是一个主题：实现中华民族伟大复兴。那么，我们究竟该怎样理解中华民族伟大复兴？这个命题缘何而起，又如何推进和实现呢？接下来，让我们沿着纵向的历史线索，先来探讨中华民族伟大复兴何以成为梦想。

我们知道，21 世纪以来，中华文明探源工程实证了我国百万年的人类史、一万年的文化史以及五千多年的文明史。作为世界上唯一没有中断的文明，我们历史上长期走在世界前列。比如说，11 世纪时，开封人口是当时欧洲商业中心伦敦人口的66 倍；另外一个统计学意义上的经济事实是，直到 19 世纪，中国仍雄踞世界经济版图，按照麦迪逊估算的 GDP 数据显示，1820 年欧洲 30 国、中国和印度 GDP 占比分别为 22.9％、33.0％和 16.1％。正如英国学者李约瑟曾经在《文明的滴定》中记录："中国对世界图景的现代化做出了直接的贡献，比如火药动摇了欧洲封建制度……"

事实上，马克思早在《政治经济学批判（1861—1863 手稿）》中就已谈道："火药、指南针、印刷术——这是预告资产阶级社会到来的三大发明。火药把骑士阶层炸得粉碎，指南针打开了世界市场并建立了殖民地……"，让世界历史自大航海时代起迈出了它的第一步。而后，西方历经 18—19 世纪两次工业革命，凭借其呼唤的巨大生产力加快世界殖民进程。在"是一泥丸、捐万缗钱"的鸦片战争以后,近代中国的命运陷入了前所未有的劫难。彼时,晚清重臣李鸿章"将西人专恃其枪炮轮船之精利,横行中土",称为三千年未有之大变局,国家蒙辱、人民蒙难、文明蒙尘正是大变局的三重困境。从那时起,实现中华民族伟大复兴,就成为中国人民和中华民族最伟大的梦想。

此后,为了走出漫漫长夜,我们先是经历了一连串的选择。自 19 世纪 50 年代以来,近代中国社会各阶级带着救国方案轮番登场,从魏源的开眼看世界到洋务运动,再到义和团运动,都没能解决中国的前途命运问题,很快成为历史的云烟。尽管辛亥革命推翻了帝制,成为民族复兴征程上的一座里程碑,尽管孙文先生在建国方略里提出三峡大坝、青藏铁路等现代化设想,但由于没有找到正确领导力量,当时人们未能走上民族复兴的正确道路。在你方唱罢我登场的"选择的历史"以后,历史和人民最终选择了马克思主义和中国共产党。当然,这个道路选择不是从天而降的,而是中国共产党带领中国人民在无数的牺牲中探索出的复兴之路。可以看到,中国共产党成立一百年来,有 2 100 万中共党员和革命烈士牺牲在争取民族解放的战斗中;有 19.7 万名抗美援朝志愿军将生命定格在"打得一拳开,免得百拳来"的立国之战上;即便是在和平年代的今天,我们仍有 1 800 多人牺牲在脱贫攻坚这场没有硝烟的战役中。正是这些牺牲和奉献,让久经磨难的中华民族迎来了从站起来到富起来再到强起来的伟大飞跃。在这个意义上,我们说,只有创造过辉煌的民族,才懂得复兴的意义;只有历经过苦难的民族,才对复兴有如此深切的渴望。

刚刚,我们在纵向的历史中理解了"缘何要复兴以及谁能引领复兴"的问题，那么民族复兴的具体涵义又是什么呢？事实上，从李大钊的"中华民族之复活"到毛泽东"光复旧物的决心"，凝聚了几代中国人夙愿的民族复兴并不抽象。早在2013年，习近平总书记在莫斯科国际关系学院的演讲中便给出了确切的答词："实现中华民族伟大复兴，是近代以来中国人民最伟大的梦想，我们称之为'中国梦'，基本内涵是实现国家富强、民族振兴、人民幸福。"这也恰恰是百年大党的初心使命。

那么，中国共产党如何团结带领中国人民在新征程中全面推进中华民族伟大复兴的中国梦呢？那就是"一张蓝图绘到底"，而这张蓝图的画笔就是"中国式现代化"。事实上，特别是新中国成立以后，中国共产党在现代化建设道路上接力探索。改革开放以来，在党的十二大提出全面开创社会主义现代化建设的新局面的基础上，党的十三大报告首次使用"中华民族伟大复兴"的概念，同时制定了从温饱到小康水平到基本实现现代化的"三步走"发展战略。

随后，历次党的代表大会与时俱进，不断继承和发展这一战略。从党的十八大到二十大，过去十年，我们更是完成脱贫攻坚、全面建成小康社会的历史任务，实现了第一个百年奋斗目标这件大事。今天，党的二十大报告明确指出："从现在起，中国共产党的中心任务就是团结带领全国各族人民全面建成社会主义现代化强国、实现第二个百年奋斗目标，以中国式现代化全面推进中华民族伟大复兴。"当然，中国式现代化不是从天而降的，正如习近平总书记所讲："在新中国成立特别是改革开放以来的长期探索和实践基础上，经过党的十八大以来在理论和实践上的创新突破，我们成功推进和拓展了中国式现代化。"而未来，我们依旧要坚持以中国式现代化推进中华民族伟大复兴。

那么,问题来了,什么是中国式现代化呢?党的二十大报告明晰了中国式现代化的丰富内涵,指出中国式现代化九大本质要求,明确概括了中国式现代化五个方面的中国特色:中国式现代化是人口规模巨大的现代化,是全体人民共同富裕的现代化,是物质文明和精神文明相协调的现代化,是人与自然和谐共生的现代化,是走和平发展道路的现代化。接下来,我们不妨再把眼光投射到全球的现代化语境中,聚焦人口规模、共同富裕、和平发展三个关键词,尝试在纵向与横向比较的视野下理解中国式现代化。

第一个关键词是人口规模。今天现代化国家的人口占全球人口的 17%,而到 2035 年我们基本实现现代化以后,将会有超过 40% 的人口生活在现代化的国家中,这说明中国的现代化的体量是任何一个国家不曾有过的。第一批迈入现代化的国家如英法等国有着千万级人口的体量,稍晚的美日则有亿级人口的体量,而中国的现代化是十亿级的巨大规模。在这个意义上,我们实现现代化难度是不曾有过的,但也是最伟大的。事实上,在社会主义建设起步阶段,我们的人口总体状况并不理想,人均寿命只有 35 岁,农村居民人均可支配收入不足 50 元,高等教育毛入学率和城镇化率也是极为低下。

但是,在过去 70 多年来的社会主义现代化建设过程中,我们利用人口红利激发出巨大的市场效益,人权事业取得巨大进步,同时创造出经济快速发展和社会长期稳定两大奇迹。比如,我们的平均寿命在 2022 年达到了 78.2 岁,并且建成了世界上最大的社会保障体系,同时现代化的重要标志——城镇化水平提高到了 63.9%，并建成了世界上最完整的产业体系。高等教育毛入学率达到 59.6%，远高于世界平均水平，在学总规模则从新中国成立之初的 11.7 万人增加至 4 655 万人。可以说，在座的同学们和我都是中国式现代化的直接受益人。

第二个关键词是共同富裕。全体人民共同富裕是社会主义的本质要求，也是中国式现代化的本质特征。也就是说，我们的现代化不是西方式以资本为中心、贫富两极分化的现代化，而是以人民为中心促进共同富裕的现代化。

但是，作为经济体量最大的国家，美国在经济发展中却产生了巨大的贫富差距。2022 年 7 月美国媒体的一项调查结果显示：美国最富有的 0.1% 群体和最底层 90% 的家庭财富值相同。再来看他们的富人与中产之间的对比，自 1989 年美联储开始追踪该数据以来，1% 富人拥有的财富首次超越 60% 的中产。贫富差距导致广泛的社会撕裂。比如 2022 年引起广泛关注的美国"五月的枪声"，在当年 5 月 28—30 日仅三天的时间造成 130 人死亡；1912 年，美国前总统罗斯福在竞选中建立全民医保体系的许诺，至今仍是纸上谈兵，大量贫困与弱势群体得不到必要的治疗；此外，种族仇恨、老无所依等问题更是愈加突出。

与此不同的是，我们坚持以人民为中心，提出了"两个不能少"：全面建成小康社会，一个都不能少；共同富裕路上，一个都不能掉队。我们不仅是这样说的，更是这样做的。可以看到，通过"老有所养、弱有所扶、幼有所育、住有所居、病有所医"等方方面面的举措，让全体人民共享发展成果，比如全国基本养老保险覆盖达 10.5 亿人，8 500 万残疾人同步迈入小康，基本医疗保险覆盖超过 13.6 亿人等。

第三个关键词是和平发展。西方资本主义国家的现代化进程虽然创造了比以往任何时代都要多的生产力,但是这个过程伴随着残酷的阶级剥削、侵略扩张和殖民掠夺,给其他民族和国家造成了罄竹难书的劫难。事实上,在新大陆开辟前,中南美三大文明——玛雅文明、印加文明、阿兹特克文明都是盛极一时的。但是在西方叙事话语中,常常将这些文明的消逝神秘化地解释为"谜",比如玛雅之谜、印加之谜等。但是,只要我们站在唯物史观的立场上思考,便明白这些文明当然不会凭空消失。在西方学者戴蒙德的《枪炮、病菌与钢铁:人类社会的命运》中我们也隐约能够寻到答案,那就是在西方现代化的对外殖民的暴戾过程中,枪炮和病菌加速了这些文明的衰落。

与此不同的是,中国的现代化进程始终走和平发展的道路。正如习近平总书记所讲:"中华民族的血液中没有侵略他人、称王称霸的基因,中国人民不仅希望自己发展得好,也希望各国人民都能拥有幸福安宁的生活。"今天,我们所提出的人类命运共同体,恰恰是中华优秀传统文化中"尚和合"与"求大同"在新时代的创新性发展。这一点在以"一带一路"为代表的中国国际发展合作中体现得十分明显。比如在中非合作过程中,我们始终坚持"非洲提出、非洲同意、非洲主导"的原则,走一条合作共赢的现代化之路。得益于和平发展的现代化新道路,我们可以看到,过去三十年来,中国国家工业增加值增速一骑绝尘,十年来中国 GDP 占世界经济比重大幅上升,并常年保持在 30% 的世界经济增长贡献率,稳居世界第一贸易大国。在这个意义上,我们说,中国式现代化是对西方以资本为中心、对外扩张掠夺的现代化老路的超越,也为更多发展中国家贡献了通过和平发展走上现代化的中国方案。

接下来，我们不妨回顾一下本讲内容。我们先以"缘何"为线，于纵向的历史逻辑中，从"为什么"与"是什么"的角度尝试理解民族复兴缘何成为梦想、谁来引领实现以及民族复兴的基本内涵等问题，进而从中华民族伟大复兴的实践逻辑中找到"怎么办"的答案，那就是中国式现代化。在识读了中国式现代化的五方面中国特色的基础上，我们通过三个关键词，从纵横比较的视角探讨了中国式现代化推动中华民族伟大复兴的优越性所在。当然，我们也正是在这样清晰的历史逻辑与确凿的实践逻辑中，才能更好地理解实现中华民族伟大复兴进入了不可逆转的历史进程。

最后，我给各位同学留一道思考题。习近平总书记强调，坚持和发展中国特色社会主义，实现中华民族伟大复兴，需要一代又一代有理想、有知识、有道德、有担当的青年为之奋斗。同学们生逢其时，从 20 岁到 50 岁，人生的黄金时期恰与实现中华民族伟大复兴的中国梦的历程进程同频共振。正所谓"后生可畏，焉知来者之不如今也？"请同学们课后以媒介考古的形式，尝试考察改革开放以来家族的变迁史，并结合自身发展愿景，分小组探讨你理想中的"中国 2050"是怎样的，青年一代又应如何为这一梦想的实现而奋斗。

· **教学反思** ·

本讲选自《思想道德与法治》教材第二章第二节第三目"增

强对实现中华民族伟大复兴的信心",是"坚定信仰信念信心"一节中收束性理论问题。"中华民族伟大复兴"一题贯穿于大中小不同学段的教材之中,是思政课教材体系中一以贯之的重要教学内容(见表4-1)。

表4-1 中小学学段教材关于"中华民族伟大复兴"相关探讨示意表

关键词	学 段	章 节	内 容
中华民族伟大复兴	小学五年级下册	第三单元	《百年追梦 复兴中华》
	初中九年级上册	第四单元第八课	《中国人 中国梦》
	高中必修1	第四课第二节	《实现中华民族伟大复兴的中国梦》

在大学学段,对"中华民族伟大复兴"的讲解侧重从纵横比较中增强学生的历史自信和使命担当。一般而言,对理论知识的认知不清往往会导致接受意义上的索然寡味与实践意义上的踟蹰不前。因此,在教学过程中,怎样从历史深处与学理高处讲清楚这一问题,是本讲衔接中小学教学内容的基本着眼点。相应地,不同于中小学强调感染力与吸引力的教学呈现,本讲的教学设计锚定思想性与针对性上的策略供给。具体来说,教学尝试在学生已知"为何"的基础上,从"缘何"的历史逻辑向"如何"的实践逻辑自然转化,并在思维诘问过程中,引导学生逐步思考民族复兴"何以成为梦想""如何成为可能"等系列问题,并特别观照为什么说"实现中华民族伟大复兴进入了不可逆转的历史

进程"这一重要表述。在实际教学师生互动的释题过程中，学生们对"自身所学专业"与"民族复兴实现需要"之间的关联度、耦合性与融入感仍然存有迷茫。因此，本讲将学生这一课堂困惑点设为课程作业研讨的重点，但怎样在后续的教学中将学生对这一问题的暂时性认识融入本章下一节"国之大者"的教学中，仍是未来教学设计过程中需要不断深耕的问题。

第五讲

变迁与选择：爱国主义的本质

·教学设计·

一、学情分析

1. 学生知识背景：经由前序教学内容的学习，学生已在逻辑整体的意义上对中国精神的丰富内涵有所理解，但对"为什么说在当代中国，坚持爱国和爱党、爱社会主义高度统一是爱国主义的本质"这一问题存在理论困惑，需要教师着重引导。

2. 教学内容背景：本讲选自《思想道德与法治》(2023 版)第三章第二节第一目，是"做新时代的忠诚爱国者"这一小节的破题部分，既是讲清楚爱国主义基本要求的关键一环，也是增强学生对以爱国主义为核心的民族精神的理性认同的知识前提。

二、教学目标

1. 知识与能力维：学生能够沿着"变迁与选择"这条逻辑线索，运用马克思主义关于"人的本质"的基本理论，在大历史观中理解爱国主义的本质，并在体认爱国主义的具体性和现实性的基础上，真正认同并坚持爱国和爱党、爱社会主义高度统一。

2. 情感与价值维：青年学生能够在理解爱国与爱党、爱社会主义统一于实现中华民族伟大复兴的历史进程的基础上，增强做中国人的志气、骨气和底气，并在实践中自觉涵养爱国主义精神，做新时代的忠诚爱国者。

三、教学重难点

1. 教学重点：引导学生正确理解爱国主义的本质，从"变迁"的历史逻辑与"选择"的实践逻辑中，在几代国人实现中华民族伟大复兴的梦想开拓中，理解爱国主义的具体性和现实性，涵育学生的爱国主义精神。

2. 教学难点：从"国"之具体所指的历史逻辑和"国"之现实根基的实践逻辑两个维度出发，引导学生科学理解当代中国爱国主义的本质。

四、教学创新点

1. 从"变迁：'国'之具体所指"与"选择：'国'之现实根基"两个角度架构教学设计，通过对爱国主义本质形成的历史逻辑与实践逻辑的梳理，帮助学生正确认识爱国主义的本质，增强教学的理论性与说服力。

2. 教学注重史论结合，在爱国主义的历史变迁和现实选择中讲清楚为什么在当代中国爱国主义的本质是坚持爱国与爱党、爱社会主义高度统一，从而引导学生树立正确的爱国意识。

五、教学方法

1. 史论结合法：通过考察和梳理爱国主义的历史逻辑和

实践逻辑，阐明爱国主义的具体性和现实性，从而使学生真正理解爱国主义的本质。

2. 案例分析法：对新中国成立以来党领导人民创造的"两大奇迹"着以案例分析，使学生认识到爱国主义的现实根基，坚持爱国和爱党、爱社会主义高度统一。

六、预习任务

请学生提前阅读教材的第三章第二节第一目"坚持爱国爱党爱社会主义相统一"和习近平总书记《在纪念五四运动100周年大会上的讲话》。

七、教学纲要

> 从张伯苓的"爱国三问"和延安时期进步青年思想的迷茫破题，引出本讲主题。

- 于爱国主义本质形塑的历史逻辑中阐释"国"的具体所指。从追问孔夫子"父母国"与"今之中国"的差异展开，将中华优秀传统文化中的爱国诗词作为线索，引导学生从中华民族爱国主义传统这一民族禀赋中，在回答追问的过程中逐步理解"国"的具体所指，进而理解当代中国爱国主义的本质。
- 于爱国主义本质抟成的实践逻辑中讲解"国"的现实根基。从近代中国的命运入手，循按"选择的历史"与"历史的选择"这一线索，引导学生在大历史观中理解爱国与爱党、爱社会主义如何在实现中华民族伟大复兴的历程中统一，进而更好地认识当代中国爱国主义的本质。

> 总结课程内容逻辑，以提问方式引导学生思考如何做忠诚的爱国主义者。

八、参考文献

［1］《邓小平文选》（第二卷），人民出版社，1994。

［2］习近平：《习近平著作选读》（第二卷），人民出版社，2023。

［3］《中共中央关于党的百年奋斗重大成就和历史经验的决议》，人民出版社，2021。

［4］《新时代爱国主义教育实施纲要》，人民出版社，2019。

［5］《中国的全面小康》，人民出版社，2021。

九、延伸阅读

1.《中华人民共和国爱国主义教育法》，中国法制出版社，2023。

2. 中华人民共和国国务院新闻办公室：《新时代的中国青年》，人民出版社，2022。

3. 杨沫：《青春之歌》，人民文学出版社，2005。

4. 王蒙：《青春万岁》，人民文学出版社，2003。

5. 罗广斌、杨益言：《红岩》，中国青年出版社，2018。

· 节段实录 ·

各位同学好，这堂课我们将以"变迁与选择"作为线索，一起来探讨为什么说"在当代中国，爱国主义的本质是坚持爱国和爱党、爱社会主义高度统一"。首先,让我们回到极不平静的1935年,这一年的南开大学"始业式"上,校长张伯苓向青年学生提出了"爱国三问":第一问"你是中国人吗?"这一问关乎民族血脉;第二问"你爱中国吗?"问的是家国情怀;第三问"你愿意中国好吗?"则叩问的是责任担当。面对艰难时世中的"爱国三问",当时的青年学生给出了肯定的回答:是、爱、愿意。他们是这样说的,也是这样做的。

抗日战争时期,来自全国各地的知识青年在战火中奔向"红色首都"延安。仅仅从1937年到1940年,中国共产党的党员人数增长了20倍。但是,我们也要看到,在延安的青年中也有一小部分人对革命前途不大了解,甚至有一部分青年发出了"国是爱的,理论是什么"的疑问。事实上,在课前的学情调查中,也有同学提出了类似的困惑。马克思在《〈黑格尔法哲学批判〉导言》中讲:"理论只要彻底,就能说服人。所谓彻底,就是抓住事物的根本。"对于"爱国主义"的理论探讨,这个根本就是要理解和把握"爱国主义的本质"。接下来,我们不妨先着眼历史的变迁,来探讨在我们今天的语境下"国"的具体所指。

按照马克思主义关于人的本质的认识:"人的本质不是单个人所固有的抽象物,在其现实性上,它是一切社会关系的总和。"从这个意义上来看,人类社会所独有的爱国之情恰恰源于两种特殊的社会关系,也就是血缘关系和地缘关系。事实上,两千多年前,孔夫子对此早已有了较为深刻的认识。他将我们今天所讲的祖国称之为"父母国",并指出"夫鲁,坟墓所处,父母之国,国危如此,二三子何为莫出",强调"父母国"也就是鲁国的安危,匹夫有责。在这个意义上,我们说,"爱国"作为确定的、现实的人的规定、使命和任务，并不是某种外部的强加，而是由于你生存的需要及与现实世界的联系而产生的。

但是，这里有一个问题：孔夫子的"父母国"和我们今日所爱之"国"的具体所指完全一致吗？如果不是，它们异于何处呢？要回答好这个问题，我们恐怕要从"中国"一词的历史变迁中来看。我们知道，"中国"一词最早出现于西周时期的青铜器《何尊》上。在《何尊》铭文上载有"宅兹中国"的字样，这里的中国居中央之城，也就是我们今天说的中原地区。可以看到，当时所指称的是一个地理概念。

随后，几千年中华文明的赓续发展塑造出今日集地理、文化、民族等综合意义上的"中国"。因此，我们说，当代中国是历史中国的延续和发展，当代中国思想文化也是中国传统思想文化的传承和升华。其中，爱国主义传统正是我们最深沉、最持久的民族禀赋。这一点，同学们只需要回望一下中华优秀传统文化中的明珠——古诗词，便能够感受到这种去不掉、打不破、灭不了的，自古以来就流淌在中华民族血脉之中的爱国主义情怀。

接下来，让我们先穿越到西周时期，在"岂曰无衣，与子同袍"的诗句中看到秦地的先民慷慨从军、保家卫国的朴素爱国情感；到战国时期，我们在屈子"哀民生之多艰"中，感受到这位诗人对楚国社稷和百姓命运的忧思；到了唐宋之际，王昌龄的"黄沙百战穿金甲，不破楼兰终不还"，速写出将士们誓死捍卫大唐荣光的爱国豪情；岳飞的"待从头，收拾旧山河，朝天阙"的气概，镌刻下了这位南宋名将的精忠报国；明清之际，爱国将领张家玉以"从今一斗孤忠血"，投塘殉明；清代林则徐的"苟利国家生死以，岂因祸福避趋之"，则记录下这位虎门销烟名臣对于国家的赤诚。

我想细心的同学已经发现,在爱国主义这一具有普遍性的民族禀赋之下,从"哀民生""破楼兰"到"朝天阙",再到"孤忠血""利国家",不同时代的国人所爱的"国家"其实存在着明确的政治指向。因此,"国"的具体所指不仅有从历史传承发展而来的文化要素、自然要素和社会要素,还有其本质规定,那就是具体的政治要素。只不过,中国传统社会中的爱国总是同忠君紧密相连,指向政权与族权相结合的"家国"。近代以来,随着20世纪初期"中华民族"概念的提出,传统爱国主义发生了现代性转化,我们今天所讲的爱国主义更多与现代国家和民族命运联系在一起。相应地,对于大家而言,我们当下所赖以生存和发展的现代国家"中华人民共和国"也不是抽象的国家,也有其本质规定意义上的政治要素,正如邓小平所讲:"不爱中国共产党领导的社会主义新中国,爱什么呢?"

在历史逻辑之中,相信同学们可以清楚地看到,缺乏对国家主权和社会制度认同的爱国主义当然是狭隘、抽象的。在这个意义上,在当代中国,爱国主义本质就是坚持爱国和爱党、爱社会主义的高度统一。那么,三者统一于何处呢?我们不妨先来给定答词:那就是统一于实现中华民族伟大复兴这一历史进程中。下面,我们从"选择的历史"与"历史的选择"这一前后相续的实践逻辑中,来进一步理解爱国主义的本质。同学们常常会读到这样一句话,历史和人民选择了马克思主义、选择了中国共产党。那么,历史和人民为什么会做出这样的选择?

当然,这个"历史的选择"绝不是从天而降的,而有其自身确切的实践逻辑。这恐怕要从近代中国的历史命运开始说起。在前面中华民族伟大复兴的一讲中，我们就已探讨过，作为世界上唯一自古延续至今、从未中断的文明，我们长期走在世界前列。但是，15世纪新航路开辟使世界历史迈出了第一步，随后西方资本主义历经两次科学革命和工业革命呼唤出巨大生产力，助推了资本主义全球殖民扩张和掠夺的进程。在这个进程中，1840年鸦片战争爆发了。此后，近代中国的命运遭受了前所未有的劫难。于是，为了拯救民族危亡，一大批仁人志士们开始了一段为探索引领中国人民走出至暗时刻的"选择的历史"。

从魏源开始"睁眼看世界"，洋务运动、义和团运动再到辛亥革命接连而起。辛亥革命推翻了旧的制度，那么中国向何处去？于是，议会制、多党制、总统制你方唱罢我登场，改良主义、资本主义、无政府主义各种主义思潮更是相互激荡。单是1921年前后，在北京、上海等地曾出现过大大小小300多个政党和政治团体。但是，由于没有找到解决中国前途命运问题的正确道路和领导力量，这些主义、思潮很快成为历史的过往。

晚清爱国诗人们的诗句就是最好的证明，从丘逢甲的"四百万人同一哭，去年今日割台湾"所记录的马关之耻，谭嗣同"我自横刀向天笑，去留肝胆两昆仑"的以身殉法，再到辛亥志士蔡济民的"无量头颅无量血，可怜购得假共和"的悲怆——在这些爱国志士所留下的不甘与慨叹中，我们可以看到各种救国方案都未能解决中国的实际问题，而这一段为民族复兴而开启的"选择的历史"终以失败告终。此时，中国迫切需要新的思想引领救亡运动，迫切需要新的组织凝聚革命力量。

历经近代百余年的探索与选择，在十月革命的炮声与觉醒年代里进步青年的呐喊声中,历史最终选择了能够解决这个国家所面临的历史性课题的主义和政党,这就是马克思主义和中国共产党。从"唤起工农千百万"到"百万雄师过大江",中国共产党带领中国人民在牺牲与奋斗中走出了近代以来的漫漫长夜,从站起来去"建设一个新世界",到"贫穷不是社会主义"的富起来,再到"比历史上任何时期都更接近中华民族伟大复兴"的强起来,中国共产党团结带领中国人民成功开辟了实现中华民族伟大复兴的道路。

可以看到,我们仅用几十年的时间就走完了发达国家几百年走过的工业化历程,同时创造了经济快速发展和社会长期稳定的两大奇迹。接下来,我们不妨从"梦想"与"飞跃"这两个关键词来聚焦"两大奇迹"。一百多年前,孙中山先生在《建国方略》中提出的走资本主义道路所不能实现的修建铁路、公路、三峡大坝、世界级大港等美好构想,都在实行社会主义制度的新中国变成了现实。同时,三千多年前先民们"民亦劳止,汔可小康"这一小康社会的梦想,随着新时代脱贫攻坚取得全面胜利,在社会主义中国得以实现。

再来看"飞跃"。同学们可以从一些数据中更为直观地感受经济社会所取得的历史性成就。我们先来纵向聚焦。我国的国内生产总值、居民人均可支配收入与新中国成立之初相比有了巨大的飞跃,比如居民人均可支配收入从改革开放初期的 171元增加至 2022 年的 36 883 元,人均国内生产总值则从 1978 年的 381 元增加到 2022 年的 85 698 元。另外,在基础教育方面,新中国成立之初文盲率为 80%,如今九年义务教育巩固率为95.5%。

再从横向比较来看，在改革开放之初，作为世界上人口规模最大的两个国家，中印两国间的 GDP 总量相差不多；但是，改革开放 40 多年来，中国特色社会主义的制度优势不断彰显。今天，大家可以看到，这两个超级人口大国的 GDP 总量已有云泥之别。从全球视野看，过去 30 年来，中国 GDP 在全球经济版图中的占比从 2.07% 增加到 19%，增速居世界前列。在经济快速发展的同时，我们的社会也保持长期稳定。我们知道，知名政治学者亨廷顿先后研究了多个发展中国家的现代化过程，提出了"亨廷顿悖论"，而"中国之治"却打破了亨廷顿所谓的经济快速发展与社会政治稳定不可兼得的悖论。来自国家统计局的最新调查数据显示，过去十年来，我国群众的安全感增长 11%，持续保持在 98% 以上的高位。对于中国这样人口规模相当于 3 个欧盟、4 个美国的巨型国家来说，我们虽然块头最大，但却是跑得最快、跑得最稳的国家。

事实上，进入 21 世纪以来，我们和西方老牌资本主义强国共同经历了多次"极限测压"。比如说，2008 年金融危机重创了许多西方发达国家，此后多数国家的经济增长陷入困境。但十几年来，我们坚持以人民为中心，发挥资本作为重要生产要素的积极作用，将朝着共同富裕的方向稳步前进作为经济发展的出发点和落脚点，成功化危为机。2020 年新冠肺炎疫情暴发后，我们始终坚持人民至上、生命至上，最大限度地维护了人民群众的生命安全和身体健康。可以说，近代以来中国历史已经充分证明，没有中国共产党，就没有新中国，就没有中华民族伟大复兴。历史和人民选择了中国共产党和中国特色社会主义，这也在实践上规定着当代中国爱国主义的本质。

接下来，我们简单回顾一下本讲内容。我们从马克思主义关于人的本质的认识这一理论出发，在爱国主义这一民族禀赋传承变迁的历史逻辑中，认识到我们所爱之国从来不是抽象的，而是具体的。今天，我们爱国主义的本质规定就是爱国与爱党、爱社会主义高度统一。那么，统一在何处？我们又从中华民族伟大复兴这个实践主题出发，在"选择的历史"和"历史的选择"的实践逻辑中，进一步从实践的视角理解爱国主义的本质是坚持爱国和爱党、爱社会主义高度统一。

最后，我给各位同学留一道思考题。2020 年，习近平总书记在科学家座谈会上讲："科学无国界，科学家有祖国。我国科技事业取得的历史性成就，是一代又一代矢志报国的科学家前赴后继、接续奋斗的结果。"请同学们观看 2019 年上映的影片《我和我的祖国》，并结合习近平总书记在北京大学师生座谈会上对青年的寄语"爱国，不能停留在口号上，而是要把自己的理想同祖国的前途、把自己的人生同民族的命运紧密联系在一起，扎根人民，奉献国家"，尝试分组探讨与理解"科学无国界，科学家有祖国"这一命题。

· 教学反思 ·

本讲选自《思想道德与法治》教材第三章第二节第一目"坚持爱国爱党爱社会主义相统一"，是"做新时代的忠诚爱国者"一节中的起始问题。事实上，"爱国主义的本质"一题相较于其他内容,在教材变迁过程中始终作为教学重点贯穿于大中小学不同学段的教材之中,是教材体系多次修订过程中一贯保留的核心教学内容(见表5-1)。分析中小学循序渐进的教材内容,多在民族精神的整体视角中偶有涉及爱国主义的本质问题,但并未有深入的理论展开。

表5-1　中小学学段教材关于"爱国主义的本质"相关探讨示意表

关键词	学　段	章　节	内　容
爱国主义的本质	小学五年级上册	第四单元第十课	第三目《天下兴亡、匹夫有责的爱国情怀》
	初中九年级上册	第三单元第五课第二节	第一目《高扬民族精神》
	高中必修4	第三单元第七课第三节	第一目《弘扬中华民族精神》

　　在大学学段的相关教学过程中,要走到"爱国主义的本质是什么"这一结论背后去,引导学生澄明"为什么"这一困惑,讲清楚这一问题实质上也是学生深入理解"以爱国主义为核心的民族精神"的理论支点。因此,教学设计将核心关切放在对"国"的具体所指的解读上,化繁为简,自觉将中华优秀传统文化融入教学内容,引导学生在历代爱国诗词的"歌以咏志"中辨析孔夫子"父母国"与"当代中国"赓续关系之上的差异所在,进而走入近现代中国历史图景中,于大历史观中让学生进一步认识到新中国、中国共产党与社会主义三者是不可分割的逻辑整体,三者统一于实现中华民族伟大复兴的历史征程中。在实际的教学互动

中,学生们多数能够认同"变迁与选择"的逻辑线索,但往往对爱国主义的本质引发的另外一个教学难点,即在"科学无国界,科学家有祖国"这一问题的理解上并不清晰,这是本讲教学设计延长线上需要持续思考与解读的问题。

第六讲

明辨与笃行：反对历史虚无主义

· 教学设计 ·

一、学情分析

1. 学生知识背景：经由前序教学内容的学习，学生能够从整体上把握爱国主义是什么、基本要求为何等问题，但对于"历史虚无主义"这一错误社会思潮缺乏清晰认识，需要教师予以解疑和引导。

2. 教学内容背景：本讲选取自新版《思想道德与法治》（2023 版）教材中较新修订内容，始自 2021 版教材独立成目，是新教材中的重点理论问题。讲清楚如何旗帜鲜明地反对历史虚无主义，既是引导学生树立大历史观的重要牵引，也是涵养学生爱国主义情感的重要进路。

二、教学目标

1. 知识与能力维：学生在了解历史虚无主义的表现和危害的基础上，能够站在唯物史观的立场上明辨历史虚无主义的实质,并能在现实生活特别是网络生活中科学辨析进而反驳历史虚无主义现象。

2. 情感与价值维:学生在理解历史虚无主义实质与危害的基础上,自觉树立大历史观和正确党史观,增强历史自信与文化自信,并能够以实际行动旗帜鲜明地反对历史虚无主义。

三、教学重难点

1. 教学重点:通过对历史虚无主义的表现、危害和应对策略的逐步分析,引导学生全面辨识历史虚无主义的现象和本质,从而树立正确的党史观,自觉反对历史虚无主义。

2. 教学难点:在解析历史虚无主义的表现与危害的基础上,引导学生从学理层面认清历史虚无主义这一错误社会思潮的基本特征,从而能够自觉坚持和运用历史唯物主义的立场、观点和方法反对历史虚无主义。

四、教学创新点

1. 本讲以"明辨"与"笃行"为线,从历史虚无主义的表现、危害和应对三个层面建构教学逻辑,引导学生层层深入,力求引发学生对历史虚无主义本质的读解与思考。

2. 教学采用"度之以远事""验之以近物"的方法,以史为鉴、以事为鉴,阐明历史虚无主义的具体危害,引导学生辨认理解历史虚无主义在现实生活中的存在样态。

五、教学方法

1. 案例教学法:本讲将通过学生关切的历史案例和发生

在学生身边的现实案例，来阐明历史虚无主义的现实表现，从而使学生获得明确的认知，提高课堂教学的吸引力和感染力。

2. 小组讨论法：指导学生围绕"青年学生怎样辨析与反对网络历史虚无主义"展开讨论，同时引导学生思考如何运用科学理论对其反驳。

六、预习任务

请同学们提前阅读教材第三章第二节第三目第二部分"旗帜鲜明反对历史虚无主义"，并学习习近平总书记在党史学习教育动员大会上的讲话。

七、教学纲要

> 以油画《狼牙山五壮士》引入，引发学生思考：谁在虚无历史？为何抹黑英雄？

- 通过讲述苏联历史虚无主义三十年所造成的巨大危害，以史为鉴，使学生从总体上理解"灭人之国，必先去其史"这一历史虚无主义的危害性所在。
- 在分层次概览历史虚无主义的现实表现的基础上，引导学生从青年普遍关注的"曲解历史""消解史实"等具体案例来认清历史虚无主义的实质。
- 从哲学、法治、学史三个方面阐明历史虚无主义的应对方法，引导学生树立正确的大历史观和党史观。

> 总结并提问，引导学生探讨如何旗帜鲜明地反对文化虚无主义。

八、参考文献

[1]《统计学和社会学》,载《列宁全集》(第二十八卷),人民出版社,2017。

[2]《共产主义》,载《列宁选集》(第四卷),人民出版社,2012。

[3] 中央党史和文献研究院编:《习近平关于社会主义精神文明建设论述摘编》,中央文献出版社,2022。

[4] 李慎明等:《历史虚无主义与苏联解体》,载《世界社会主义研究》2022 年第 1 期。

[5] 任成金:《苏共党内历史虚无主义话语的演进及当代启示》,载《马克思主义研究》2021 年第 10 期。

九、延伸阅读

1. 本书编写组:《中国共产党简史》,人民出版社、中共党史出版社,2021。

2. 朱佳木:《同历史虚无主义思潮斗争的有力思想武器》,社会科学文献出版社,2018。

3. 本书编写组:《历史虚无主义辨析》,学习出版社,2017。

4. 尼古拉·伊万诺维奇·雷日科夫:《大国悲剧——苏联解体的前因后果》,徐昌翰等译,新华出版社,2008。

5. 理查德·尼克松:《1999 不战而胜》,杨鲁军等译,上海三联书店,1989。

· 节段实录 ·

各位同学好,这堂课,我们将以"明辨"与"笃行"为线索,一起来探讨和辨析:何谓历史虚无主义? 我们又应如何旗帜鲜明地反对历史虚无主义? 首先,我们来看一幅收藏于国家博物馆的油画作品《狼牙山五壮士》。我们知道,其再现的是1941年晋察冀反扫荡战役中,为了掩护主力部队和群众安全转移,马宝玉等五名战士引敌上狼牙山,跳崖殉国的故事。这段史实也被记录于1941年10月晋察冀军区"关于学习狼牙山五壮士的训令"这一确凿的史料之中。

与此同时,我们也可以在当时日本的报纸中确认这一事实。然而,就是这样毋庸置疑的英雄事迹,却在过去三十年间被频繁地歪曲、篡改、抹黑。比如1994年,国内某报在头版打出特大标题《五人重于泰山,一人轻于鸿毛——当年狼牙山有六人》;十年以后,海外多个华文媒体转载一篇题为《被吹得天花乱坠的狼牙山五壮士的真相》,称五位壮士是逃兵;2013年,国内某杂志在网上公开发表《小学课本"狼牙山五壮士"多有不实之处》,意图篡改历史。我们不禁要问,谁在抹黑英雄? 他们又为何要虚无历史? 接下来,我们就不妨通过历史虚无主义的具体表现,明辨其要害和实质。

荀子在《大略》中讲:"是非疑,则度之以远事,验之以近物,参之以平心,流言止焉,恶言死焉。"接下来,就让我们将眼光放远一些,先来"度之以远事",看看苏联历史虚无主义所带来的沉痛教训。1956 年 2 月,赫鲁晓夫突然作题为《关于个人崇拜及其后果》的秘密报告,对斯大林进行全盘否定。可以说,这拉开了苏联历史虚无主义的序幕。此后,随着这份报告的传播,苏联社会广泛掀起了"非斯大林化"运动,全面攻击斯大林、解构苏联历史的言论及文艺作品不断出现,并且引发了东欧局势的动荡。不过,此时西方国家却将这一动荡视为他们的机遇,比如当时美国中央情报局官员这样说道:"非斯大林化是赫鲁晓夫对共产主义事业犯下的最大错误,它将在东欧和苏联引起严重动荡……美国应该通过公开的和秘密的手段利用这一极好的机会。"

于是,1956 年 6 月,美国中情局不惜重金从以色列情报机构手中买下这份秘密报告,不仅在《纽约时报》全文发表,还公开通过《美国之音》用多种语言向全球广播这份报告。与此同时,美国又采取文化冷战的方式,通过秘密手段培养苏联国内亲西方的所谓"政治文化精英"。具体表现为美国政府鼓动苏美进行民间交流,提出邀请 1 万名苏联大学生到美国留学,费用全部由美国政府负担。然而,这样做的原因真的是为了推进美苏文化交流吗?后来,美国总统艾森豪威尔给出了这样做的理由:"在宣传上花 1 美元,等于在国防上花 5 美元。有朝一日,一批新人将会在苏联掌权,我要努力争取的正是这一代。"同学们请注意,这段话中所谓的"宣传"道出了以美国为首的西方"和平演变"苏联政权的真实用意,而加紧助推苏联内部历史虚无主义思潮就是"和平演变"的重要方法。

如果说赫鲁晓夫时期打开了苏联历史虚无主义的"潘多拉魔盒",那么戈尔巴乔夫时代则悬起了苏联历史虚无主义这把"达摩克利斯之剑"。20 世纪 80 年代中后期,在西方国家意识形态的渗透下，全面否定苏联历史和抹黑英雄的论调不断滋生。一个最典型的事件是，在苏联解体前两年，亲西方的自由派周报《论据与事实》对苏联女英雄卓娅的侮辱与诽谤：他们将在第二次世界大战规模最大、伤亡最重的苏德战争伊始，孤身一人勇敢火烧德军驻地并牺牲的游击队员卓娅污蔑为"精神病患者"。同一时间，类似对苏联英雄的抹黑、对革命领袖的诋毁、对确凿史实的歪曲事件大量出现。可以说，历史虚无主义这一错误思潮三十余年的思想蚕食成为苏联解体的重要原因，从而酿成 20 世纪俄国历史上的第二次崩溃和最大的地缘政治灾难，而今天各位同学所见证的乌克兰危机恰恰是这场灾难的延长线。

对于曾经可以与美国分庭抗礼的超级大国苏联的解体原因，习近平总书记在《关于坚持和发展中国特色社会主义的几个问题》中这样谈道："苏联为什么解体？苏共为什么垮台？一个重要原因就是意识形态领域的斗争十分激烈，全面否定苏联历史、苏共历史，否定列宁，否定斯大林，搞历史虚无主义，思想搞乱了，各级党组织几乎没任何作用了，军队都不在党的领导之下了。最后，苏联共产党偌大一个党就作鸟兽散了，苏联偌大一个社会主义国家就分崩离析了。这是前车之鉴啊！"在刚刚"度之以远事"的回顾中，我们从苏联的历史经验教训中清楚地看到历史虚无主义的现实危害。接下来，让我们把眼光拉近一些，一同来"验之以近物"，从历史虚无主义的现实表现来进一步追问其实质。

历史虚无主义常见的表现之一就是打着所谓"还原真相"的旗号，或是断章取义，或是牵强附会，意图拿出放大镜来曲解历史，混淆视听。比如 2014 年大 V 丁某为了夸大社会主义革命和建设时期中三年困难时期的问题，扰乱人心，他以第一人称的方式"回忆"所谓的"家庭惨状"，利用耸人听闻的标题博人眼球，引起了大量青年网民的关注。但是，其所编织的故事前后逻辑矛盾、漏洞百出，比如作者宣称爷爷坐牢 10 年，但刑满释放的时候，作者的爸爸已经 8 岁。

常见的表现之二是打着所谓"解密""科普"的名号，或是故作高明，或是指鹿为马，试图消解史实、颠倒黑白。2021 年，中央网信办主办的中国互联网联合辟谣平台正式发布了"正本清源 明理增信"涉党史辟谣榜。随后，北京卫视的《档案》节目以确凿的史料批驳了如《沁园春·雪》作者是胡乔木""雷锋的事迹是假的""飞夺泸定桥战斗不存在"以及"周扒皮、黄世仁是好地主，土地改革错了"等典型的历史虚无主义错误言论。

刚刚，我们通过"验之以近物"，看到了历史虚无主义在当下形形色色的表现。在远观与近思后，相信同学们大体能够理解历史虚无主义的荒谬和危害。那么，到底何谓历史虚无主义？其实质或者说要害是什么呢？我们从苏联的前车之鉴与当下的现实表现中，可以清晰地看到历史虚无主义的惯用手法是"抹黑英雄榜样""诋毁革命领袖""歪曲裁剪历史"。但是，请同学们特别注意的是，在当代中国的现实语境下，少数别有用心者所虚无、否定的"历史"有其特定的所指，那就是否定近现代中国革命历史，否定中国共产党历史，否定中华人民共和国历史。历史虚无主义的要害是从根本上否定马克思主义指导地位和中国走向社会主义的历史必然性，否定中国共产党的领导，从而达到"去人之国，必先去其史"的险恶目的。

那么，理解了历史虚无主义的实质，我们应该如何旗帜鲜明地反对历史虚无主义呢？接下来，我们不妨从哲学方法、法治保障和学史明理三个角度来回答这个问题。

首先，要运用马克思主义的立场观点方法来认识和分析问题，要清楚认识到世界上只有可以瞎说一气的形而上学最省力，因为它不受客观实际检查，而历史虚无主义正是典型的形而上学，是一种以支流否定主流、以主观代替客观、以现象否定本质的唯心史观。列宁对此也有过经典的论述："在社会现象领域，没有哪种方法比胡乱抽出一些个别事实和玩弄实例更普遍、更站不住脚的了。""如果不是从整体上、从联系中去掌握事实，那么只能是一种儿戏。因为每一种个别情况都有其具体的历史环境"。列宁还总结道，马克思主义的活的灵魂就是对具体情况作具体分析。

按照唯物辩证法，我们在评价历史人物时就需要做到"两个不因"。一方面，正如习近平总书记在纪念毛泽东同志诞辰120周年座谈会上所讲的："不能因为他们伟大就把他们像神那样顶礼膜拜，不容许提出并纠正他们的失误和错误；也不能因为他们有失误和错误就全盘否定，抹杀他们的历史功绩，陷入虚无主义的泥潭。"而在评价历史问题时就需要做到"两个不能"。正如习近平总书记在党史学习教育动员大会上的讲话所提出的："要实事求是看待党史上的一些重大问题，既不能因为成就而回避失误和曲折，也不能因为探索中的失误和曲折而否定成就。"

其次，我们还要进一步推进打击历史虚无主义的法治化进程，为反对历史虚无主义提供重要法治保障。同学们可以看到，在2021年1月1日正式施行的民法典和3月1日施行的《刑法》修正案十一中,都将"禁止侵害英雄烈士权益"相关法律规则作为最新规定写入了两部重要的部门法中,全面规定侮辱、诽谤或者以其他方式侵害烈士权益应负的民事责任与刑事责任,以法治手段为英雄正名。天地英雄气,千秋尚凛然。在民法、刑法等部门法的新规定外,我们先后颁布了《中华人民共和国英雄烈士保护法》《中华人民共和国爱国主义教育法》。这些法律为专门保护英雄烈士权益提供了专门的法治保障。近两年,类似于许某发帖侮辱董存瑞以及大V罗某平侮辱抗美援朝英烈等网络抹黑英雄的事件获刑,恰恰是通过法治手段打击历史虚无主义的重要体现。

最后,对于同学们而言,增强"历史自信"是反对历史虚无主义题中之义。正如习近平总书记所讲:"了解历史才能看得远,理解历史才能走得远。"因此,我们需要树立大历史观和正确的党史观,从建党百年的历史伟业中,准确把握党的历史发展的主题主线、主流本质。我们要看到,一百年来,中国共产党团结带领中国人民成功开辟了实现中华民族伟大复兴的正确道路,迎来了从站起来、富起来到强起来的伟大飞跃。新中国成立以来,我们仅仅用几十年时间走完了发达国家几百年走过的工业化历程,创造了经济社会发展和社会长期稳定的两大奇迹。也要看到,过去十年来,我们完成了脱贫攻坚,全面建成小康社会的历史任务,实现第一个百年奋斗目标这件大事。事实胜于雄辩,我们不妨通过聚焦客观的数据来看,比如:婴儿死亡率已从新中国成立之初的千分之二百减至今天的千分之五;我们创造了人类减贫史上的中国奇迹,历史性解决了绝对贫困问题,居民的恩格尔系数较1978年大幅下降。

　　刚刚，我们在笃行的意义上，通过三个方面理解了如何旗帜鲜明地反对历史虚无主义。接下来，我们简单回顾一下本讲内容：我们先是通过"度之以远事"与"验之以近物"两个方面，辨析了历史虚无主义的具体表现，进而从中国现实语境中厘清了历史虚无主义的实质所在，并在理解历史虚无主义的危害的基础上，从哲学方法、法治保障与历史自信三个方面，一起探讨了怎样旗帜鲜明反对历史虚无主义。

　　最后，我想给各位同学留一道思考题。所谓"灭人之国，必先去其史"。习近平总书记曾讲："历史和现实都表明，一个抛弃了或者背叛了自己历史文化的民族，不仅不可能发展起来，而且很可能上演一场历史悲剧。"因此，我们既不能做历史虚无主义者，也不能做文化虚无主义者。党在二十大报告中也提及"推进文化自信自强"，而在 2023 年全国宣传思想文化工作会议上更是首次提出了"习近平文化思想"，请同学们结合本讲所学，思考：何谓文化虚无主义？又应当如何旗帜鲜明地反对文化虚无主义？

· 教学反思 ·

　　本讲选自《思想道德与法治》教材第三章第二节第三目"尊重和传承中华民族历史文化"，是"做新时代的忠诚爱国者"一节中的教学难点。纵观中小学教材，关于历史虚无主义的相关探讨并不多，并未深度讨论明辨与反对历史虚无主义的方法，但我们仍然能够在关于"中华民族历史文化"的教材板块中找到多以综合探究形式出现的相关内容(见表 6-1)。

表 6-1　中小学学段教材关于"历史虚无主义"相关探讨示意表

关键词	学　段	章　节	内　容
历史虚无主义	小学五年级上册	第四单元	《骄人祖先　灿烂文化》
	初中九年级上册	第三单元第五课第一节	《延续文化血脉》
	高中必修 4	第二单元综合探究	《坚持历史唯物主义　反对历史虚无主义》

作为《思想道德与法治》新版教材增订内容,大学学段的教学应当着眼为青年学生提供"明辨"与"应对"历史虚无主义的视角与方法。从学理意义上讲清楚历史虚无主义的现实表征、内在实质与应对方法,是教学设计关切的三个重点,也是设计展开的基本逻辑。在教学过程中,有必要以导入的形式先行抛出一组问题簇,即:"谁的历史? 为何虚无? 怎样虚无?"在增加课程问题感的过程中,可以通过澄清问题的方式帮助学生建立起共同探讨、逐步剖析的探索感。在此基础上,以"明辨"与"笃行"为教学线索,在"观远物"与"察近事"中让学生在确定的他者经验与直观的当下表现中辨析历史虚无主义的危害,从而自然地在"近事"中理解在当代中国的语境下,"历史虚无主义"究竟在虚无谁的历史、虚无的目的何在等问题。进一步地,教学转入难点阐释,即引导学生在历史唯物主义的视野下,运用具体问题具体

分析的方法去分析历史问题,内化反对历史虚无主义的立场观点。实际上,教学实践的互动过程充分证明,青年学生有着较强的"明辨"需求,希望能够习得"反对历史虚无主义"的理论工具,这为此后教学在学理性与思想性上的深度挖掘提出了要求,也是本讲教学设计中需要进一步完善之处。

第七讲

面纱与真相："普世价值"剖析

· 教学设计 ·

一、学情分析

1. 学生知识背景：经由前序教学内容的学习，学生对"为什么说社会主义核心价值观是真实可信的"等问题存有基本认知。但是通过课前学情调研，学生对以"普世价值"为代表的西方价值观的渗透实质尚不清晰，对"普世价值"的迷惑性、欺骗性认识不足。

2. 教学内容背景：本讲选取内容是《思想道德与法治》（2023 版）教材修订后的新增内容。这一部分作为教材的知识增量，置于"因真实可信而具有强大的道义力量"这一目中。讲清楚"普世价值"的实质与危害对于科学辨析价值观领域存在的挑战，增强青年学生价值观自信，具有重要的现实意义。

二、教学目标

1. 知识与能力维：学生能够描述"普世价值"的基本意涵，认清"普世价值"危害,并在此基础上运用唯物史观辨识"普世价值"陷阱,在具体实践中坚定以社会主义核心价值观为行动指引。

2. 情感与价值维:青年学生在理解"普世价值"的虚伪性与欺骗性的基础上,在比较视野中把握社会主义核心价值观的道义力量,进一步增强社会主义核心价值观自信。

三、教学重难点

1. 教学重点:从唯物史观的基本立场出发,阐明"普世价值"的基本意涵及实质,并通过已经或正在发生的具体事实指认"普世价值"在理论与实践上的双重破产,引导学生在历史与现实中认清"普世价值"的真相。

2. 教学难点:通过对理论的讲解与对现实问题的分析,讲清"普世价值"作为特定政治概念的含义,释明"普世价值"的迷惑性、欺骗性,使学生深刻认识到价值观领域存在的挑战,进一步增强社会主义核心价值观自信。

四、教学创新点

1. 采取"面纱"(廓清实质)与"真相"(辨清真伪)两个层次架构教学设计逻辑,"面纱"旨在揭示"普世价值"实质,"真相"则重在从理论与现实上廓清这一"实质"的虚伪性,引导学生辨认"普世价值"的实质及危害。

2. 以"颜色革命"的典型案例"阿拉伯之春"为切入点,引发学生对"何谓'普世价值'"这一问题的兴趣,进而在唯物史观的立场上层层追问,从理论与实践上双重破产的现实表现引导学生深层次辨认"普世价值"的真相。

五、教学方法

1. 案例分析法：分析历史与现实中较具代表性的案例，通过真实可见的数据比较，使学生更好廓清较具迷惑性的"普世价值"的本质问题。

2. 小组讨论法：采用"围读"《阿拉伯"革命"隐藏的另一面》这一书目节段的形式，对"全人类共同价值"与"普世价值"的区别展开小组探讨。

六、预习任务

请学生提前阅读教材第四章第二节第三目"因真实可信而具有强大的道义力量"，并学习习近平总书记《在全国党校工作会议上的讲话》。

七、教学纲要

以"阿拉伯之春"到"阿拉伯之冬"的反转对比，引出本讲主题。

- 从"面纱"出发，找准教材知识点和学生兴趣点的教学结合点，抽丝剥茧地通过"谁来规定？""谁之价值？""谁人受益？"的三重追问，揭穿"普世价值"乃是资本主义价值观的实质。
- 从"真相"出发，在理解"普世价值"实质的基础上，借助事实论据，从理论与实践两个方面分别回答为什么说"普世价值"是"伪命题"与"真工具"，从而揭发"普世价值"的具体危害与在事实上的破产。

梳理与总结，引申坚定社会主义核心价值观自信的现实问题。

八、参考文献

［1］《路易·波拿巴的雾月十八日》,载《马克思恩格斯文集》(第二卷),人民出版社,2009。

［2］习近平:《论党的宣传思想工作》,中央文献出版社,2020。

［3］中共中央文献研究室:《习近平关于社会主义文化建设论述摘编》,中央文献出版社,2017。

［4］中华人民共和国国务院新闻办公室编:《2022年美国侵犯人权报告》,五洲传播出版社,2022。

［5］陈积敏:《西方"普世价值"的逻辑与困境》,载《和平与发展》2021年第2期。

九、延伸阅读

1. 陈先达:《论普世价值与价值共识》,载《哲学研究》2009年第4期。

2. 陈爱茹:《乌克兰资本主义化30年评析》,载《马克思主义研究》2022年第6期。

3. 亨利·基辛格:《论中国》,胡利平等译,中信出版社,2012。

4. 弗朗西斯·福山:《历史的终结与最后的人》,陈高华译,孟凡礼校译,广西师范大学出版社,2014。

5. 埃里克·德纳塞等:《阿拉伯"革命"隐藏的另一面》,王朔等译,中信出版社,2020。

· 节段实录 ·

　　各位同学好,这堂课我们将以"面纱"与"真相"为线索,一起来探讨和剖析"普世价值"。首先,我们来看一张图片,这是2011年一位与执法部门争执而自焚的失业青年所引发的突尼斯民众抗议的照片。很快,类似的大规模民众示威活动广泛蔓延到埃及、利比亚、叙利亚等北非和中东国家。在"普世价值"的蛊惑下,抗议者以"面包、自由与公正"为口号纷纷走上街头。在所谓阿拉伯"民主革命"的浪潮中,这些国家的原有政权相继被颠覆,传统政治强人或是宣布下野,或是在暴乱中被枪杀,成为明日黄花。

　　此时,西方舆论场却将这一动荡的剧变称为"阿拉伯之春",并以此来标榜他们所宣扬的"普世价值"放之四海皆为准。然而,十几年过去了,西方所推崇的"阿拉伯民主化革命的春天"却只带来了惨烈的"阿拉伯之冬",民众所期待的自由与面包并没有兑现,换来的是如今利比亚的四分五裂、叙利亚的战火连绵,以及几千万中东难民的流离失所,这些无不宣告着西方"普世价值"的失灵。

　　那么,我们就要追问,到底何谓"普世价值"? 它又为何能够在非西方国家煽动起大规模的所谓"民主化运动"? 它的背后究竟代表着谁的利益? 接下来,我们不妨先来揭开"普世价值"的面纱,进而洞察其背后的真相。那么,何谓"普世价值"? 在西方话语体系中,它常常被描述为"自由、民主、平等、人权",并被绝对化地定义为一种普遍适用、永恒存在的价值。所谓普遍适用，便是在横向上打破一切民族、种族、国家界限，超越一切文明、宗教、信仰差异的"四海皆准"的价值；所谓永恒存在，便是在纵向上不因时代变迁和社会形态而变化的价值。美国学者福山便提出著名的"历史终结论"，认为人类的历史将终结于以自由市场和议会民主为代表的资本主义制度。

　　然而，"普世价值"真的如"看起来那般美"吗？这就需要我们先从学理上去追问：价值为何？马克思晚年在《评阿·瓦格纳的"政治经济学教科书"》中曾经这样谈道："'价值'这个普遍的概念是从人们对待满足他们需要的外界物的关系中产生的。"按照马克思主义关于人的本质的核心论断，作为一切社会关系总和的"人们"不是抽象的人，而是活生生地在具体、历史、特定社会实践中生活着的个人。在这个意义上，我们不妨一起追问："普世价值"中的价值主体"人们"，其确切的所指是谁？接下来，让我们来三问"普世价值"：第一，这个价值由谁来规定？第二，它代表着谁的价值？第三，它满足了谁的利益？它适用的对象真的是如其所述的全人类吗？还是某些特定的价值主体？

　　也许这里我们可以借鉴黑格尔在《小逻辑》中的经典表达"一个定义的意义和它的必然证明只在于它的发展里"，从"普世价值"的发展历程来辨认这个定义的真实意义。从伦理源头来讲，"普世"源于西方基督教，意为"全世界范围""全基督教"，其背后的实质是要求全人类无条件信奉基督教教义所规定的价值；从经济源头来看，它的内涵是在资本主义生产方式基础上形成的，并且由于资产阶级在它几百年间的阶级统治中所创造的比过去一切世代创造的全部生产力还要多，不断推动、塑造与巩固"普世价值"自信,西方社会所宣扬的"文明优越论""西方中心论"以及由此带来的价值观念意义上的"制度优越论",其实就是这种自信过载的产物;从政治方面来看,由于资本主义对外扩张的利益需要,西方国家常常借由价值观大棒,行霸权之实,往往表现在以自身的制度为标准,以自身利益为导向,随意干涉他国内政、任意裁剪他国实践,在全世界颠覆他国政权。

通过刚刚的分析,同学们可以直观看到,"普世价值"作为一种资本主义文明的产物,其价值主体当然不是全人类,而是由西方国家规定,代表着少数资产阶级利益的资本主义价值观。当我们扯下"人类共同价值"这含情脉脉的面纱后,"普世价值"的实质便呼之欲出,那就是将资本主义的价值观装饰成全人类的共同价值,无条件向全世界推行资本主义的价值观及其背后的经济政治文化制度,以维护和攫取与之相关的最大利益。

西方学者也曾在这个意义上探讨"普世价值"的实质,以"文明冲突论"闻名于世的美国学者亨廷顿就曾论证过"普世价值"的要义,认为普世文明的概念是西方文明的独特产物,普世主义是西方对付非西方社会的意识形态,从学术分析的角度给出了"普世价值"的实质。美国前国务卿基辛格也曾直言不讳地论述,美国要通过推行西方价值观来"重塑世界面貌",并明确说美国自建国以来笃信自己的理想具有"普世价值",声称自己有义务传播这些理想。

此外,我们不妨参考马克思在《路易·波拿巴的雾月十八日》中的表述,即"他们不能代表自己,一定要别人来代表他们。他们的代表一定要同时是他们的主宰",来看看"普世价值"在逻辑上的天然缺陷。在西方"普世价值"观看来,非西方社会不能代表自己，一定要让西方国家来代表他们，并且他们的代表一定要同时是他们的主宰。

当我们掀开"普世价值"的面纱，洞穿其打着"自由、民主、人权"的幌子行意识形态霸权的虚伪性后，让我们再进一步，从理论与实践两个层面去理解这一资本主义价值观在"普世"意义上的欺骗性。在理论上，"普世价值"其实是一个典型的伪命题。为什么这样讲呢？正如在西方社会内部资产阶级将自己的利益说成全社会成员的共同利益一般，对外他们则妄图用西方个性化的意识形态取代非西方国家多样化的文明成果，以维护自身几个世纪以来的惯性霸权。但是，我们需要注意的是，每个国家的政治制度都是独特的，都是在这个国家特定的历史传承、文化传统和经济社会发展的基础上长期演进的结果。因此，我们说，无视客观的社会存在，而用自认为高人一等的价值观去替代和否定他人，当然是行不通的。

我们还要看到，"普世价值"实际上从抽象的人性论出发，将人看作无差别的价值符号，幻想通过抽象的、永恒的人性论取代具体的、现实的人的关系。正如马克思在《哲学的贫困》中批判经济学家蒲鲁东"人与人的现实关系是观念的化身"时所讲："人们按照自己的物质生产率建立相应的社会关系，正是这些人又按照自己的社会关系创造了相应的原理、观念和范畴。所以，这些观念、范畴也同它们所表现的关系一样，不是永恒的，它们是历史的、暂时的产物。"在这个意义上，我们说，作为一种伪命题存在的"普世价值"，实质上是一种唯心主义的价值观。

在实践上，"普世价值"则是一种真工具，让我们先来察之以远事。冷战以来，在西方价值观念的渗透下，一些国家深受其害。而进入新世纪以后,西方价值观的输出更是有增无减。比如说,中东、北非、东欧和中亚地区接连发生一系列非正常的政权更迭,从格鲁吉亚"玫瑰革命"到乌克兰"橙色革命",从黎巴嫩"雪松革命"到吉尔吉斯斯坦"郁金香革命"等,多数国家均是在选举过程中发生抗议骚乱,之后发展为全面政治危机。"颜色革命"的惯常手段是西方通过扶植反对派,利用目标国内部政治经济等方面的矛盾,通过媒体展开蓄意炒作和渲染,从而操控舆论和民意。美国《外交》杂志也曾专门刊文介绍美国中情局是如何通过秘密行动干涉外国选举的。有统计显示,数十年来,美国中情局至少推翻或试图推翻超过 50 个外国政府,尽管中情局公开承认的只有 7 起。另有统计表明,1946—2000 年间,美国曾 81 次试图对 45 个国家的选举施加影响。可以说,在这些颜色革命的背后,我们都能看到作为"和平演变"的工具——"普世价值"的影子。

2015 年,习近平总书记在全国党校工作会议上曾讲:"如果我们用西方资本主义价值体系来剪裁我们的实践,用西方资本主义评价体系来衡量我国发展,符合西方标准就行,不符合西方标准就是落后的陈旧的,就要批判、攻击,那后果不堪设想!"实际上,"普世价值"所代表的"西方标准"是一种"双重标准"。比如说:美国主流媒体将 2021 年美国国会山骚乱事件中的示威者称为"暴徒",但美国官员却将乱港分子打砸破坏的违法暴力行为称为"和平示威",甚至是"美丽的风景线"。

我们还可以观察到,这种"双重标准"体现在对外宣扬所谓"自由、民主、人权",而内部却往往处于民主失序、自由不彰、人权问题严重的状况。我们以美国为例:据《2022 年美国侵犯人权报告》显示,2019 年至 2021 年,美国人均预期寿命为 76.1 岁,降至 1996 年以来新低。更骇人听闻的是,枪支暴力已成为美国孩子的"头号杀手"。相关调查显示,2022 年美国有超过 5 800 名 18 岁以下的儿童因枪击受伤或死亡,校园枪击事件数量高达 302 起,创 1970 年以来的最高值,而 2023 年大规模枪击事件致死人数已经达到 2006 年以来最高纪录。与此同时,美国警察的暴力执法现象更是层出不穷,2022 年,美国共有 1 239 人死于警察暴力,达到历史峰值。

另外,美国的选举成为富人层的独角戏,金钱政治大行其道,选举费用一再飙升。2022 年,美国中期选举累计花费超过 167 亿美元。其中,亿万富翁的政治献金占所有联邦政治项目献金的 15%,远高于 2020 年选举周期的 11%;贫富差距进一步拉大,相关统计显示,美国最富有的 50 人的财富相当于最贫穷的 1.65 亿人的财富之和;种族歧视与社会不公问题更是不断激化,81% 的亚裔美国人表示针对亚裔社区的暴力正在增加,仅 2021 年纽约市针对亚裔的仇恨犯罪就猛增了 361%。还需要特别注意的是,一直声称民主灯塔与人权普照光的美国,却在 21 世纪以来以"反恐"为名在 85 个国家开展军事行动,恣意侵犯他国人权、践踏正义,直接导致至少 92.9 万平民死亡,3 800 万人流离失所。通过刚刚的度之以远事和验之以近物,我想同学们已经能够理解"普世价值"作为一种双重标准的欺骗性。

下面,我们不妨简单总结一下本讲内容。我们先是通过"谁来规定""谁的价值""谁人受益"三重追问揭开了"普世价值"的面纱,认清了"普世价值"是由西方国家规定,代表着少数资产阶级利益的资本主义价值观,它的实质是通过"假普世"的方式行霸权之实。正如美国前总统尼克松所讲，美国不战而胜的方法，就是保卫并且输出自己的价值观念。随后，我们又从理论与实践两个层面，剖析了"普世价值"的真相，认识到作为一种唯心主义的价值观，它妄图用抽象的价值观去掩盖具体的价值观念，并在实践中常常作为西方国家和平演变非西方国家、攫取自己的最大利益的工具。相信同学们在与西方"普世价值"的虚伪性和欺骗性相比较的视野下，能够进一步理解上一节我们所讲的社会主义核心价值观的真实性与道义性。

最后，我给大家留一道思考题。请大家参阅由法国、突尼斯、阿尔及利亚等 8 个国家 23 位学者深入的实地考察写成的《阿拉伯"革命"隐藏的另一面》序言部分，进一步理解西方国家如何使用"普世价值"这一工具，导演形形色色的"离岸革命"和平演变别国政权，维护自身霸权的过程。我们说，反对西方所谓的"普世价值"，并不是说人类社会不存在共同价值。那么，什么是"全人类共同价值"呢？请同学们课后进行小组探究，尝试初步辨析"全人类共同价值"与"普世价值"的根本差异。

· 教学反思 ·

本讲选自《思想道德与法治》教材第四章第三节第二目"认清西方'普世价值'的实质"，作为新版教材增订内容，是"因真实可信而具有强大道义力量"一节中的新增教学难点。与其他所选教学专题不同的是，纵观中小学教材，社会主义核心价值观相关教材内容中并未涉及"普世价值"。对于学生而言，教学设计要先行解决"普世价值"的陌生化问题，在厘清一般性概念问题的基础上，着力突出建设性与批判性相统一，注重运用批判性思维分析事物本质，批驳错误观点，并通过质疑与探索引导学生辨析甄别"普世价值"的局限和狭隘，解决学生的思想困惑，提高学生从知识获得向智识应用转化的水平。

因此，在教材体系向教学体系转化过程中，学理性与思想性是教学设计的主要关切，而"剥洋葱式"的逻辑引导则是教学展开的形式主线。在内容展开方面，以"面纱"与"真相"作为剖析"普世价值"的贯穿线索，以"一步一问"的方式逐步启发学生自主探索"普世价值"的实质和危害。教学过程先是立足于学理剖析，以问题调动学生参与课堂的积极性，从"普世价值"发展历程来辨认这个定义的真实意义，考察其在伦理、经济以及政治源头等方面的嬗变，从而回应"普世价值"是"谁之价值"的根本问题，揭开隐藏在其含情脉脉的面纱之下的实质。在此基础上，引导学生从辨识"本质"走向认识"危害"，一方面从辩证唯物主义的视角讲清楚"为什么说'普世价值'是一个伪命题"，另一方面则引据大量确凿的史料与事实透视"为什么说'普世价值'乃是真工具"；进一步地，自然给出"全人类共同价值"的基本意涵，以课程讨论的形式为辨析"普世价值"和"全人类共同价值"的根本差异奠基。但是，我们也要看到，在教学实践的互动过程中，学生们虽然较易对"普世价值"的现实危害产生普遍性认同，但对于"普世价值"作为一种唯心主义价值观仍然存在理解上的困惑。因此，怎样从学理上进一步透析"普世价值"似是而非的实质，仍是教学设计需要纵深思考的问题。

第八讲

真义与道义：理解全人类共同价值

· 教学设计 ·

一、学情分析

1. 学生知识背景：经由前讲对西方"普世价值"的辨析，学生已从伪命题和真工具两个层面廓清了西方"普世价值"的虚伪性，在比较视角下理解了社会主义核心价值观的真实性。与此同时，学生也存在一个普遍的疑问，那就是反对"普世价值"是否意味着人类社会没有共同价值？针对这一模糊认识，教师需要加以澄明。

2. 教学内容背景：本节段选取内容是《思想道德与法治》（2023 版）第四章第二节第三目的明辨板块"全人类共同价值与所谓'普世价值'存在根本不同"，是新版教材新增教学内容。本讲以前序教学内容为基础，重点讲清楚反对"普世价值"并不意味着人类社会不存在共同价值，引导学生认识"全人类共同价值"的基本内涵和道义力量。

二、教学目标

1. 知识与能力维：学生能够在理论与实践双重角度把握全人类共同价值的具体所指，并在"为何必需"与"何以可能"两个层面上，读解全人类共同价值的历史必然，并初步认识"全人类共同价值"在新时代中国的实践表达。

2. 情感与价值维：学生能够理解全人类共同价值相较于西方"普世价值"所呈现出的道义力量，并能够基于唯物史观形成价值认知，感悟中国作为全人类共同价值的提出者、弘扬者与践行者，为解决"世界之问"做出的贡献。

三、教学重难点

1. 教学重点：引导学生理解全人类共同价值的真义与道义，先从世界历史与全球危机中理解"世界之问"是全人类共同价值提出的前提逻辑，再从比较视角厘清全人类共同价值的基本内涵，继而从中国弘扬和践行全人类共同价值的实践切入，引导学生认识"全人类共同价值"所彰显的中国智慧。

2. 教学难点：全人类共同价值是当前的理论热点。基于唯物史观的立场，怎样在与西方"普世价值"的比较视野下，讲清楚全人类共同价值的真实性、优越性，引导学生于客观比照中深刻认识全人类共同价值的道义性，是从教材体系向教学体系转化的难点。

四、教学创新点

1. 在学生问题点与教材重难点结合的基础上，从"真义：

全人类共同价值的基本内涵"与"道义：全人类共同价值的中国实践"两个角度展开教学设计，通过横向比较，使学生从理论与实践双重维度全面理解全人类共同价值的基本涵义，增强教学的理论性、针对性和吸引力。

2. 采取层层延展的方式，将政治性和学理性相统一，从西方"普世价值"的基本理论问题导入，接续解答学生对前讲的困惑，通过讲解全人类共同价值为何必需、何以可能，从价值与知识相统一的视角，以释惑解疑的方式，引导学生理解全人类共同价值的真理力量。

五、教学方法

1. 史论结合法：通过考察和梳理全人类共同价值提出的必然与必需，阐明全人类共同价值的基本内涵，使学生能够在唯物史观的视野下理解全人类共同价值的真义，认同全人类共同价值的道义力量。

2. 比较分析法：在对全人类共同价值的具体所指的阐释过程中，采取与西方"普世价值"进行比较的方法，从过硬的事实出发，使学生在事实性论据中理解全人类共同价值相较于西方"普世价值"的优越性和真实性。

六、预习任务

请学生提前学习教材第三章第二节第三目"因真实可信而具有强大的道义力量"，重点学习这一目中的"明辨"板块，并学习 2023 年习近平总书记发表的《建设开放包容、互联互通、共同发展的世界——在第三届"一带一路"国际合作高峰论坛开幕式上的主旨演讲》。

七、教学纲要

> 从西方"普世价值"的理论回顾着眼，引出不存在"普世价值"，但这并不意味着人类社会没有共同价值。

- 以"何以提出"与"内涵解读"作为线索，先是从世界历史与全球危机的历时角度，讲清全人类共同价值的提出背景；再从前讲西方"普世价值"的比较中，廓清全人类共同价值的理论意涵。
- 以倡导者、坚守者与践行者、弘扬者作为线索，讲清全人类共同价值作为回应"世界之问"的中国智慧，进而再从和平发展、公平正义、民主自由三个关键词阐明全人类共同价值的中国实践。

> 总结全人类共同价值的真义与道义，引导学生更好辨析和批判"普世价值"。

八、参考文献

[1]《共产党宣言》，载《马克思恩格斯选集》（第一卷），人民出版社，2012。

[2]《不列颠在印度的统治》，载《马克思恩格斯全集》（第九卷），人民出版社，1961。

[3] 习近平：《习近平著作选读》（第一卷），人民出版社，2023。

[4] 习近平：《建设开放包容、互联互通、共同发展的世界——在第三届"一带一路"国际合作高峰论坛开幕式上的主旨演讲》，人民出版社，2023。

［5］习近平外交思想研究中心：《坚守和弘扬全人类共同价值》，《求是》2021 年第 16 期。

九、延伸阅读

1. 习近平：《论坚持推动构建人类命运共同体》，中央文献出版社，2018。

2. 中华人民共和国国务院新闻办公室：《新时代的中国国际发展合作》，人民出版社，2021。

3. 中华人民共和国国务院新闻办公室：《中国共产党尊重和保障人权的伟大实践》，人民出版社，2021。

4. 中华人民共和国国务院新闻办公室：《携手构建人类命运共同体：中国的倡议与行动》，人民出版社，2023。

5. 中华人民共和国国务院新闻办公室：《共建"一带一路"：构建人类命运共同体的重大实践》，人民出版社，2023。

· 节段实录 ·

各位同学好，这堂课我们将以"真义"与"道义"为线索，一起来探讨和理解全人类共同价值。在上一讲中，我们通过追问"普世价值"由谁来规定、是谁的价值、让谁受益的三重追问，理解了西方国家所谓的"普世价值"并非指人类道德评价、审美评价的普遍性或共性，而是特指资本主义价值观。需要请同学们注意的是，我们反对使"东方从属于西方"的"普世价值"，并不是说人类社会不存在共同价值。

那么，在世界百年未有之大变局的历史方位下，人类应当弘扬和践行怎样的共同价值呢？接下来，我们不妨先从"真义"这个词入手，来看看全人类共同价值是如何被提出的，又有着怎样的基本涵义。我们知道，15世纪新航路的开辟迈出了世界历史的第一步。此后，16、17世纪的科学革命与18、19世纪两次工业革命，加速了西方资本主义殖民扩张和世界市场形成。正如《共产党宣言》所写的："由于开拓了世界市场，使一切国家的生产和消费都成为世界性的了。……民族的片面性和局限性日益成为不可能。"几个世纪以来，世界市场的不断开辟给人类带来巨变，而其中一个很重要的标志是经济全球化不断加深。

从大航海时代开始，经济全球化大致经历了三个阶段：第一个阶段是西方的殖民扩张和世界市场的形成阶段，世界各地区、各民族被卷入到资本主义世界体系之中；第二阶段是第二次世界大战后随着殖民地和半殖民地纷纷独立，世界形成了资本主义和社会主义两大阵营，在经济上则形成了两大平行市场；第三阶段是今日的经济全球化深入阶段，随着20世纪90年代冷战结束，两个平行市场随之消逝，全球化进入极盛时期，世界交往空前加深。

正如习近平总书记所讲："今天，人类交往的世界性比过去任何时候都更深入、更广泛，各国相互联系和彼此依存比过去任何时候都更频繁、更紧密。"冷战结束以后，正是得益于经济全球化广泛深入和新技术革命极大发展，人类创造了比以往两千多年还要多的GDP总量。不过，一直被称为"阿里巴巴的山洞"的经济全球化，近来却出现了类似于全球化不过是"潘多拉的魔盒"等逆全球化狭隘论调,与此相伴随的是一场正在发生的世界剧变。于是,人类不得不去追问:"世界怎么了?"

接下来,让我们一起来看看这场剧变表现在何处。首先是"治理赤字"现象越发严峻,全球面临多重治理危机,比如粮食危机、能源危机、债务危机等,气候治理的传统危机更为紧迫,人工智能治理等新型危机迭出。还有不断加深的"和平赤字":第二次世界大战结束以来,人类社会维持了 70 多年总体和平,但类似俄乌冲突、巴以冲突、印巴冲突这样区域性的冲突时有发生,核战争的"达摩克利斯之剑"仍然高悬,威胁世界和平的因素正在积聚。还有"发展赤字"持续扩大:全球经济复苏乏力,单边主义、保护主义肆虐,一些国家构筑"小院高墙"、强推"脱钩断链",人类发展指数 30 年来首次下降,近 8 亿人生活在饥饿之中。2023 年 10 月国际货币基金组织发布的最新一期《世界经济展望报告》显示,预计全球经济增速将从 2022 年的 3.5% 放缓至 2023 年的 3.0% 和 2024 年的 2.9%。最后是日益凸显的"安全赤字":冷战思维卷土重来,所谓的"修昔底德陷阱"甚嚣尘上,意识形态对抗老调重弹,恃强凌弱、巧取豪夺、零和博弈等霸权行径危害深重,恐怖主义、网络攻击、跨国犯罪、生物安全等非传统安全挑战上升。

面对类似于经济大衰退、疫情大流行、安全大威胁等无法仅靠一国解决的全球性问题,我们该如何应变呢? 对于这样的"世界之问",我们给出了中国智慧和中国方案,那就是顺应历史大势,推动构建人类命运共同体。而全人类共同价值恰恰是人类命运共同体的价值表达。那么,什么是全人类共同价值呢? 习近平总书记 2015 年在第七十届联合国大会一般性辩论时的讲话中首次作出阐释："和平、发展、公平、正义、民主、自由，是全人类的共同价值，也是联合国的崇高目标。目标远未完成，我们仍须努力。当今世界，各国相互依存、休戚与共。我们要继承和弘扬联合国宪章的宗旨和原则，构建以合作共赢为核心的新型国际关系，打造人类命运共同体。"具体来看，作为人类可持续发展的普遍共识，和平与发展是全人类的共同事业，公平与正义是全人类的共同理想，民主与自由是全人类的共同追求。

正所谓，比较出真知。接下来，我们不妨采取比较视角，在与"普世价值"的对比中，进一步理解全人类共同价值的内涵。

首先，让我们先从抽象与具体的比较中来看。我们知道，人的本质不是单个人所固有的抽象物，在其现实性上，它是一切社会关系的总和。但是，"普世价值"所宣称的自由、民主等却不是从现实的而是从孤立、抽象的个人出发，它无视不同国家独特的历史传承、政治制度与经济社会发展的状况，迫使其他国家推行所谓的资本主义价值模式。与此相对的是，弘扬全人类共同价值，不是要把哪一家的价值观奉为一尊，而是倡导求同存异、和而不同，充分尊重文明的多样性，尊重各国自主选择社会制度和发展道路的权利。

从抽象人性论出发的"普世价值"在实践上表现出虚假的一面。比如，冷战结束以后，在西方价值观念的渗透下，"普世价值"作为和平演变的工具，致使一些国家或四分五裂，或战火纷飞，21世纪以来中东、北非的"阿拉伯之春"以及乌克兰的"橙色革命"等就是明证。而全人类共同价值在实践中则是真实的，着眼于共同生活于同一个星球的200多个国家和地区、2 500多个民族与80多亿人口、5 600多种语言这种先在的差异性，寻求不同文明、制度、道路的多样性及交流互鉴的可能性,各美其美、美人之美、美美与共,在和平互利中为人类社会的进步提供强大动力。

其次,我们再从个性与共性的比较中来看。我们说,"普世价值"作为一种资本主义文明的产物,是在资本主义生产方式的基础上形成的资本主义的政治理念和制度模式。而全人类共同价值是以世界市场开辟所形成的世界历史作为实存基础的,并不是基于某一国的经济基础而形成的上层建筑。近年来,西方用自己的资本主义价值观来任意剪裁他国实践,认为不符合西方标准就是落后的,这种"西方中心论"的观念制造了一系列话语陷阱。比如说,"现代化就等于西方化""历史终结论""文明冲突论"等论调,事实上都体现了西方"普世价值"的独断与狭隘。相反,全人类共同价值汲取了世界各国普遍的价值共识,又与《联合国宪章》的基本人权规定、《人类环境宣言》中人的基本权利一脉相承。在这个意义上,全人类共同价值是从历史唯物主义出发的,以全球化作为价值前提,以解决现有全球性问题作为价值使命的真实的、具体的价值遵循。

刚刚我们从"为何必需"的角度,理解了全人类共同价值的"真义"。下面,我们不妨再从"道义"的视角,通过弘扬和践行全人类共同价值的中国实践,来看看全人类共同价值"何以可能"?事实上,全人类共同价值作为解决"世界之问"、凝聚价值共识的中国实践,是对尚和合、求大同等中华优秀传统文化的创新性发展,同时也是对中国传统中"忠恕"之道的创造性转化。

一直以来,我们都是全人类共同价值最坚定的倡导者和践行者。近年来，习近平总书记在多个外交场合反复提及全人类共同价值。党的二十大报告再次向全世界发出真诚呼吁："世界各国弘扬和平、发展、公平、正义、民主、自由的全人类共同价值，促进各国人民相知相亲，尊重世界文明多样性，以文明交流超越文明隔阂、文明互鉴超越文明冲突、文明共存超越文明优越，共同应对各种全球性挑战。"在2022年博鳌亚洲论坛上，习近平总书记特别强调："我们要践行共商共建共享的全球治理观，弘扬全人类共同价值，倡导不同文明交流互鉴。""大国尤其要作出表率，带头讲平等、讲合作、讲诚信、讲法治，展现大国的样子。"我们是这样说，也是这样做的。接下来，我们不妨聚焦三个关键词，来看看全人类共同价值的中国实践。

先来看第一个关键词：和平发展。与依靠殖民和掠夺来实现自身崛起的西方现代化道路不同，中国式现代化破除了所谓的"修昔底德陷阱"，摒弃了西方以资本为中心的、两极分化的、物质主义膨胀的、对外扩张掠夺的现代化老路，走出了一条和平发展的中国式现代化道路。1990年以来，中国工业增加值在全球一骑绝尘，对全球经济增长的贡献率连续15年位居世界第一。自2013年提出共建"一带一路"倡议以来，我们与全球超过四分之三的国家和30多个国际组织签署合作文件。世界银行发布的《"一带一路"经济学》报告认为，"一带一路"倡议的全面实施将使参与国间的贸易往来增加4.1％。共建"一带一路"倡议源于中国，但机会和成果属于世界，比如中巴经济走廊启动10年来为巴基斯坦经济社会发展注入强劲动能，中老铁路实现了老挝人民"变陆锁国为陆联国"的夙愿，雅万高铁成为东南亚国家首条实现350公里时速的铁路，蒙内铁路拉动了当地经济增长超过 2 个百分点，马拉维 600 眼水井成为润泽当地 15 万民众的"幸福井"，中欧班列"钢铁驼队"助力中国与欧洲双向奔赴……在这个意义上，我们说中华民族的血液中没有侵略他人、称王称霸的基因，中国人民不仅希望自己发展得好，也希望各国人民都能拥有幸福安宁的生活。

再来看第二个关键词：公平正义。2021 年发布的《新时代的中国国际发展合作》白皮书，全景记录了中国推动共商、共建、共享的全球治理之道。比如说，十年来我们通过无偿贷款、无息贷款和优惠贷款的方式，对外援助资金 2 702 亿元，减免有关国家债务累计金额达 41.84 亿元，并通过技术合作、人力资源开发和人道主义援助等方式，帮助其他发展中国家增进民生福祉。其中，新时代的中非合作坚持以"非洲提出、非洲同意、非洲主导"的原则展开，建设了非洲各国亟需的公路、铁路、电力、医疗和学校等公共设施。此外，在气候变化挑战面前，我们积极推动落实《巴黎协定》，并作出 2030 年前碳达峰、2060 年前碳中和的承诺，在"十三五"期间，使碳排放得到了有效控制。另外，在全球抗疫进程中，我们反对部分西方国家囤积疫苗，将中国疫苗作为全球公共产品，向 150 多个国家提供援助，以实际行动促进疫苗分配公平。

我们再来看关键词之三：民主自由。习近平总书记曾经强调："民主是全人类的共同价值，不是只有一种形态、一种标准，不能由个别国家垄断性解读并强加于人。""一个国家民主不民主，要由这个国家的人民自己来评判。如果因为实现民主的形式不同就加以排斥，这本身就是不民主的行为。"事实上，我们不仅尊重世界各国的民主模式，同时探索出真正保障人民当家作主的全过程人民民主。新中国成立以来，中国共产党坚持以人民为中心的发展思想，中国的人权事业取得了举世瞩目的成就，比如说我们将人均预期寿命从新中国成立初期的 35 岁提高至 78.2 岁，将高等教育的毛入学率从 0.22％增加到 59.6％，并且建成世界上规模最大的社会保障体系，使基本医疗保险覆盖 13.6 亿人，基本养老保险覆盖超过 10 亿人，等等。

下面，让我们来小结一下本讲内容。我们先从全人类共同价值何以必需着眼，在与"普世价值"的比较视野下，理解全人类共同价值的真义；随后，我们又追问全人类共同价值何以可能，通过观察富有成效的中国实践，论证了中国不仅是全人类共同价值的倡导者、坚守者，更是践行者、弘扬者，在这个意义上理解了全人类共同价值的道义力量。

最后，我给各位留一道思考题。2023 年 10 月发布的《携手构建人类命运共同体：中国的倡议与行动》白皮书中明确提出："和平发展是共同事业。贫瘠的土地上长不成和平的大树，连天的烽火中结不出发展的硕果。要解决好各种全球性挑战，根本出路在于谋求和平、实现发展。公平正义是共同理想。任何国家都不能在世界上我行我素，搞霸权霸道霸凌。民主自由是共同追求。不存在定于一尊的民主，更不存在高人一等的民主。民主不是可口可乐，一国生产原浆，全世界一个味道；民主不是装饰品，而是要用来解决实际问题的。"请大家观看 2023 年 CGTN 纪录片《新丝路上的交响》，立足所学专业，思考：在"一带一路"这一构建人类命运共同体的重大实践中，青年的担当在何处？

· 教学反思 ·

本讲选自《思想道德与法治》教材第四章第二节第三目"因真实可信而具有强大的道义力量"的"明辨"板块,是 2023 版新教材的新增教学重点,"普世价值"与全人类共同价值的辨析构成了本节的教学难点。纵观中小学教材,尽管在初中学段《道德与法治》九年级(下)、高中学段《思想政治》选择性必修 1《当代国际政治与经济》释读人类命运共同体相关内容时略有提及"全人类共同价值",但多为在"知识链接"教学板块的简单介绍。由于高中学段《思想政治》必修 1—4 中并未涉及这一问题,大学一年级学生普遍对"全人类共同价值"的概念相对陌生。因此,教学设计采取"真义与道义"的逻辑链条,引导学生先行理解全人类共同价值的基本概念,再来深入探究全人类共同价值背后的道义力量,在批判鉴别中明辨是非,形成一条"知其然""知其所以然""知其所必然"的教学理路。

基于此,教学设计的关切点放在教材体系向教学体系转化的"化"上,即经由教学体系讲清楚教材体系中定义的全人类共同价值因何提出、为何必需、何以可能的问题逻辑。在教学展开过程中,先抛出"全人类共同价值是如何被提出的?"这一基本问题,引导学生植根于历史唯物主义立场,在"世界历史的巨变—世界发展的剧变—世界之问的应变"这一实践脉络中厘清"因何提出"的问题,进而自然而然地在与"普世价值"的理论比较与实践例证中,让学生进一步理解全人类共同价值"为何必需"的深层意蕴,从"知其然"的定义走向"知其所以然"的真义。在此基础上,教师接着从道义的视角回答全人类共同价值在实践上"何以可能"的问题。相较于"真义"层面偏学理化的教学,"道义"的深挖则更需要依托较具说服力的案例与确凿的数据。在对全人类共同价值的三个关键词"和平发展""公平正义""民主自由"逐一进行探讨的同时,逐步引导学生看到中国弘扬与践行全人类共同价值过程中所展现出的道义力量。在实际的教学过程中,学生们大体能够理解"普世价值"与"全人类共同价值"的区别,但仍有部分同学就"全人类共同价值"作为一种社会意识,其背后的社会存在存有疑惑,这也构成了新一轮教学设计需要关切的部分。

第九讲

理论与现实：集体主义原则

· 教学设计 ·

一、学情分析

1. 学生知识背景：经由前序教学内容的学习，学生能够站在唯物史观的立场理解道德的起源与本质，但对于社会主义道德的集体主义原则中"个人利益与集体利益之间的关系"等问题仍有困惑。

2. 教学内容背景：本讲选取内容是《思想道德与法治》(2023版)第五章第一节第三目。本讲将从理论与现实两个维度探讨社会主义道德的集体主义原则，着力讲清"集体主义并不遥远"这一问题。

二、教学目标

1. 知识与能力维：学生能够从理论与现实两个维度理解社会主义道德的原则——集体主义，在把握集体主义原则的基本内涵与实践表达的基础上，自觉在社会生活中持守集体主义原则。

2. 情感与价值维：学生能够在逻辑追问与实际案例中理解集体主义为什么是社会主义道德的原则，进而认同集体主义原则，并在实际生活中以集体主义原则作为调节利益关系的价值取向。

三、教学重难点

1. 教学重点：通过理论阐释和现实剖析使学生明确为什么要持守集体主义原则、集体主义原则具有怎样的道义力量，帮助学生理解为什么说社会主义道德的原则是集体主义。

2. 教学难点：以理论阐释的方式回应对集体主义的种种错误理解，在批判错误思想的过程中引导学生辩证把握集体主义原则的核心利益观，从正在或者已经发生的事实中认识到集体主义原则并不遥远。

四、教学创新点

1. 本讲从理论与现实两个维度展开，通过正反两方面的论证和剖析，使学生认识到集体主义的真实内涵，发挥课程的解疑释惑功能，增进学生对集体主义原则的认同。

2. 教学坚持以问题为导向，通过问题链的追问方式，在明辨与反思中回应学生对集体主义的种种误解，引导学生自觉将集体主义作为调节自身社会关系的基本原则。

五、教学方法

1. 案例教学法：运用案例展开理论阐释，引导学生理解集体主义原则的基本内涵,再采取"一案到底"的方法,以反证的方式回应学生对集体主义原则的常见误读,帮助学生澄清和辨明集体主义原则,引导学生自觉弘扬集体主义精神。

2. 问题教学法:教学将通过设置"集体利益是否等于个人利益之和""集体主义是对个人利益的压制吗""集体主义原则如何保障个人的正当利益""集体主义原则下个人为集体利益做出牺牲是任意的吗"等学生关心关切的问题,在解疑释惑中增进学生对集体主义的理解。

六、预习任务

请学生提前阅读教材第五章第一节第三目"坚持以集体主义为原则",并参考阅读《新时代公民道德建设实施纲要》。

七、教学纲要

> 从经济学中经典概念"合成谬误"的剧场实验提出问题,引入本讲主题。

- 从理论层面阐述集体主义的真实性。从马克思主义关于人的本质的认识出发,通过对不同社会生产方式下"集体"所代表利益的辨析,论证社会主义道德视域下"集体"的真实性,并以经典援引与案例对比的方式对两种常见的集体主义误读予以澄清。
- 从实践层面阐述集体主义的道义性。以具体实例为探究视角,在实践意义上进一步论证集体主义作为社会主义道德原则的非抽象性。通过关键词追问的形式,以问题思辨为牵引,启发学生在新时代的伟大实践中切实领悟集体主义的强大道义力量。

> 梳理与总结,引导学生自觉践行集体主义原则,作以理论升华。

八、参考文献

［1］《德意志意识形态》，载《马克思恩格斯全集》（第三卷），人民出版社，1960。

［2］习近平：《在全国脱贫攻坚总结表彰大会上的讲话》，人民出版社，2021。

［3］中华人民共和国国务院新闻办公室：《中国的全面小康》，人民出版社，2021。

［4］中共中央宣传部宣传教育局：《〈新时代公民道德建设实施纲要〉学习读本》，人民出版社，2020。

［5］本书编写组：《〈思想道德修养与法律基础〉辅导用书》，高等教育出版社，2020。

九、延伸阅读

1. 罗国杰：《社会主义道德体系研究》，中国人民大学出版社，2018。

2. 齐橙：《大国重工·壹》，上海文艺出版社，2018。

3. 哈里森·索尔兹伯里：《长征：前所未闻的故事》，朱晓宇译，北京联合出版公司，2015。

4. 伯纳德·曼德维尔：《蜜蜂的寓言》，肖聿译，商务印书馆，2019。

5. 马凯硕：《中国的选择：中美博弈与战略抉择》，全球化智库（CCG）译，中信出版社，2021。

6. 罗必良、耿鹏鹏：《"稻米理论"：集体主义及其经济解理》，载《华南农业大学学报（社会科学版）》2022年第4期。

· 节段实录 ·

各位同学好,这堂课我们将以"理论"与"现实"为线索,一起来探讨和辨析集体主义原则是如何调整社会利益关系的。首先,让我们把教室想象成某剧院中的一个小剧场,假设同学们正在观看根据革命烈士李白的真实事迹改编的舞剧《永不消逝的电波》。可是此时,有同学觉得只有站起来才能看得更清楚,这样,他后面的人想看清楚也必须要站起来。但是,我们可以想象一下,如果所有的人都要站起来,那就会造成绝大多数人都没法看清楚。在经济学中有一个概念叫作"合成谬误",指的就是类似的现象。它由著名经济学家萨缪尔森等在《经济学》中提出,认为有益于个体并不一定意味着有益于集体,有些时候还会适得其反。

接下来,我们不妨通过对集体主义原则在理论与实践两个层面的探讨来回答这个问题。让我们从理论层面开始讲起,先来追问何谓"集体"。这就需要回到这门课的阿基米德支点——马克思主义关于"人的本质"的认识,这是理解集体主义原则重要的理论工具。在前面课程的讲解中,我们从对"现实性""社会关系""总和"的层层剖析中,理解了社会属性是人的本质属性。正是在这个意义上,现实的人总是处在由纷繁复杂的社会关系所构筑的共同体之中。这个社会共同体,就是我们所说的"集体"。

但是,由于社会生产方式的变化,不同社会形态下的集体所代表的利益存在根本差异，比如在原始社会特别是在奴隶社会、封建社会的集体中，无论是"奴隶非人"，还是"君臣父子"，这些制度和观念都要求多数人的利益绝对服从少数人的集体利益。我们今天有些人谈到民主，言必称雅典，但事实上，雅典民主仅仅是对少数公民群体而言，妇女、外邦移民及广大奴隶都不能享受民主权利。到了生产社会化但是生产资料却归少数资本家私人占有的资本主义社会同样如此。即便是 1789 年法国大革命最为人所津津乐道的思想遗产《人权和公民权宣言》所指的对象也不过是男性公民的权利，这一点，我们从宣言中提出的"人生来就是而且始终是自由的，在权利方面一律平等（Les hommes naissent et demeurent libres et égaux en droits）"的法语用词就可以见出端倪——其中所使用的是法语"homme"这个阳性单词。

1791 年，一位名为奥兰普·德古热的女性愤而写下《女人和女性公民权利宣言》，提出"女性生来就是且始终是自由的，在权利方面与男性平等（La femme naît libre et demeure égale à l'homme en droits）"，结果被送上了断头台。直到 1944 年，她所呼吁的妇女投票权才初步得到实现。再比如，1776 年美国通过《独立宣言》时，当时包括美国开国元勋华盛顿在内的美国国父都是欧洲白人移民，大部分都拥有黑奴。《独立宣言》中所讲的人人生而平等，保留奴隶制也是美国国父经过辨认后作出的慎重选择。今天西方社会所宣称的"自由、平等、人权"实际上是抽象的"权利"，因为富人政治、种族歧视以及祸乱世界的霸权主义等具体现象都反映着少数人集体利益对多数人利益的剥夺。

对于这些社会形态下的所谓集体，马克思、恩格斯早在 19

世纪中叶就直击本质地认为这些不过是虚幻的集体。何以虚幻？因为这种集体是一个少数人的阶级为反对另外一个多数人的阶级而形成的联合。因此，对于被支配的广大奴隶、农民和无产者来说，这是一个虚幻的集体，正如《德意志意识形态》的经典批判所言："为了达到自己的目的不得不把自己的利益说成是社会全体成员的共同利益，就是说，这在观念上的表达就是：赋予自己的思想以普遍性的形式。"相反，在以生产资料公有制为主体的社会主义社会中，与以往为少数人谋利益的集体不同，这种集体则是一个为绝大多数人谋利益的真实的集体。在这个意义上，我们说"为人民服务""让人民生活幸福是国之大者"就是社会主义道德优越于其他社会道德形态的显著标志。

但是，要从理论上进一步理解集体主义的真实性所在，我们就必须抓住事物的根本，而这一根本就是要探讨清楚集体主义原则的核心利益观到底是什么。也就是说，在集体主义原则的视野下，理解国家、社会的集体利益与个人利益具有怎样的关系。下面，我们不妨通过问题辨析的方式来看一看。比如说，有人认为集体利益等于个人利益之和，于是往往从个人利益的得失出发来处理个人与集体的关系。这是否行得通呢？

早在 18 世纪，在《蜜蜂的寓言》这本书中，荷兰的一位道德哲学家以蜜蜂为喻，提出了影响广泛的"曼德维尔悖论"。这个悖论认为只要从个人利益出发，全体社会的利益就会自然而然达成。那么，果真如此吗？1968 年，在国际知名的杂志 Science 上，环境学家哈丁发表了一篇名为《公地悲剧》的文章。他设想了一个公共牧场，每个"理性"的牧羊人都知道自己过度放牧一定会造成牧场资源的枯竭，但是为了使自己短期的利益最大化，还是选择尽可能放更多的牲畜。所以哈丁总结道,当个人都按自己的利益去处理公共资源的时候,真正的公地悲剧就会发生。由此,同学们可以清晰地看到仅从个人利益出发处理个人与集体关系的局限性。

事实上,亚当·斯密在《道德情操论》中所强调人的利他性与后来在《国富论》所强调人的利己性,这一反映资本主义社会道德与利益冲突的"斯密难题"仍然在上演着。以今日美国为例,日益加大的贫富差距以及由此带来的社会撕裂,在各类枪击案此起彼伏的背景下,为了保全少数"金主"的利益,民众禁枪的呼吁仍然无人问津的现象,一定程度上就是强调从个人利益或者说少数人利益出发的局限。

今天,我们从兼顾个体利益与集体利益出发,提出并实现了全面建成小康社会,坚持"一个都不能少"。2020 年底,占世界人口近五分之一的中国全面消除绝对贫困,提前十年实现《联合国 2030 年可持续发展议程》减贫目标,同时建成了世界上最大的社会保障体系,并在教育、安全等方面不断满足最广大人民的美好生活需求。截至 2021 年 6 月底,全国基本养老、失业、工伤保险参保人数分别达到 10.14 亿人、2.22 亿人、2.74 亿人,基本医疗保险覆盖超过 13 亿人。生育保险依法覆盖所有用工单位及职工。同时,累计建设各类保障性住房和棚改安置房 8 000 多万套,帮助 2 亿多名困难群众改善住房条件。在这个意义上,我们说,集体主义不是个人利益的简单相加,而是个人利益与集体利益的有机统一。

因此,集体主义不是对个人利益的压制,而是以集体主义作为道德原则来保全个人正当利益,通过持守集体主义进而保障集体和个人的共同发展。在这个意义上,我们便能更好理解马克思为什么在《神圣家族》中说,对于个体力量的判断,应当以整个社会的力量为准绳。由此,我们可以在理论上给出集体主义原则的核心利益观,我们所说的集体主义并不是从个人利益出发或是从集体利益出发这种片面的思考;集体主义强调的是个人利益与集体利益的辩证统一。所谓辩证统一,就是相互依赖、互为前提,不偏废任何一方。

刚刚我们从理论的角度理解了集体主义原则的核心要义,不过实践才是理论的出发点和归宿点。接下来,让我们一起通过两个关键词,在问题辨析中来看看集体主义原则在现实中所彰显的道义力量。

我们不妨通过对关键词"牺牲"的探讨,来尝试回答在具体的社会实践中,"个人为集体利益作出牺牲是任意的吗""集体主义是如何保全个人正当利益"等问题。先来回顾一下百年前守常先生对"牺牲"的解读,他说:"人生的目的,在发展自己的生命,可是也有为发展生命必须牺牲生命的时候。"而正是中国共产党团结带领中国人民的"为有牺牲多壮志",才能够"敢教日月换新天"。

事实上,从现存最早的入党誓词中,识字不多的农民贺页朵坚定写下"牺牲个人"至今,入党誓词虽然几经变化,但是为人民而牺牲的"牺牲"这个词从未离场。正是革命时期 2 100 万共产党员和革命志士以及 19.7 万抗美援朝志愿军战士在异国他乡的牺牲,铸就出一个中华人民共和国,才有了富起来以及正在进行的强起来的伟大历程。过去十年来,我们干成了"完成脱贫攻坚,全面建成小康社会的历史任务,实现第一个百年奋斗目标"

这件大事。可以看到，9 899 万农村人口摆脱贫困，有 960 多万人实现易地扶贫搬迁。全国贫困地区新改建公路 110 万公里、新增铁路里程 3.5 万公里，新增供水能力 181 亿立方米。而这些数字的背后，无数家庭和青少年的命运发生了改变。

　　但是，我们也要看到，脱贫攻坚这个圆也是过去数年来 25.5 万个驻村工作队、300 多万名第一书记和驻村干部、200 多万名乡镇干部和数百万村干部在扶贫一线，夙兴夜寐，用奋斗、奉献与牺牲一点一点拼出来的。在拼就这个全民族"一个都不能少"的幸福之圆的过程中，还有 1 800 余名脱贫攻坚一线党员干部将生命献给了脱贫事业。这其中有许多跟各位一样的青年大学生。他们为什么会在毕业后许多可能的选择中，选择到艰苦的扶贫一线工作？青年英雄黄文秀给出了答案："很多人从农村走了出去，就不想再回去了。但总是要有人回来的，我就是那个要回来的人。"总有人要回来，总有人要为民请命，总有人要舍身求法，而这些人就是中国的脊梁。今天，中华民族伟大复兴这个最大集体利益的实现，也需要我们这一代青年新的牺牲与奉献。当然这个牺牲和奉献不是任意的。但是，历史和现实告诉我们，在不牺牲个人利益就不能保全国家、民族、社会集体利益的情况下，我们的集体主义原则强调集体利益高于个人利益，因为这是一个国家、一个民族得以存续的重要前提。

　　接下来，让我们一起回顾本讲的主要内容。我们从马克思主义关于"人的本质"的认识出发，先是追问"何谓集体"，进而通过对集体主义的核心利益观的探讨，理解我们所持守的集体主义的真实性；随后，我们又回到现实，通过聚焦"牺牲"这个关键词，探讨了集体主义在实践中所彰显的道义力量。在层层问答中,相信同学们能够确证集体主义并不遥远,它指导我们以确定的道德原则应对不确定的世界,在"为人民服务"的点滴中涌成道义的源泉。

最后,我给各位同学留一道思考题:所谓"单则易折,众则难摧",请同学观看电影《大学》,思考:为什么说"团结奋斗是中国人民创造历史伟业的必由之路"? 青年又应当如何持守集体主义的道德原则,将民族复兴的大蓝图和个人成长的小目标相结合,在青春的赛道跑出最好成绩?

· 教学反思 ·

本讲选自《思想道德与法治》教材第五章第一节第三目"坚持以集体主义为原则",是"社会主义道德的核心与原则"一节中的教学重点。纵观中小学教材,关于集体主义的话题贯穿始终,小学学段"个人与班级""个人与学校"到中学学段的"个人与集体"等,但对集体主义的直观探讨篇幅并不多,主要呈现在初中学段《道德与法治》七年级(下)第三单元第七课"共奏和谐乐章"的"相关链接"板块,通过比喻讲述帮助学生在感性意义上对集体主义有所认知;高中学段《思想政治》必修 4《哲学与文化》中第二单元第六课第一节"价值与价值观"的"相关链接"板块提及"社会主义的集体主义价值观",重在从价值观立场出发使学生在常识意义上理解个人利益与集体利益的辩证统一(见表 9 - 1)。但上述教学内容对什么是"集体"、"集体主义"的意涵是什么、如何运用集体主义这一社会主义道德原则处理个人与集体之间的张力关系等学理性问题并未触及。

表 9-1　中小学学段教材关于"集体主义"相关探讨示意表

关键词	学　段	章　节	内　容
集体主义	初中七年级下册	第三单元	《在集体中成长》
	高中必修 4	第二单元第六课第一节	《价值与价值观》

因此，大学学段相关教学应立足中小学学段对集体主义感性与常识的探讨，把教学设计的观照点放置于对作为社会主义道德原则的集体主义的学理探究上，尝试在理论与实践的逻辑层面去建构和展开教学体系。学生普遍性问题点与教材给定重难点的交汇点，恰恰是教学过程所要回应的关键点。在教学展开过程中，于唯物史观的视角探讨和回答何谓"集体"是教学得以进一步展开的前提要件，也是为学生构筑理解集体主义道德原则的思维基底。由此，以"一案到底"为案例载体，采取师生共同探究的方式，先是围绕"集体主义原则的核心利益观"来回应"集体利益是否等于个人利益之和？""集体主义是不是对个人利益的压制？"等常见的问题，从而引导学生逐步确认集体主义的真实性。随后，承接对集体主义内在辩证要义的阐释，再从"过硬的事实"中确定集体主义的道义价值，经由对"个人为集体利益作出牺牲是任意的吗？""集体主义如何在现实生活中保障个人利益？"的案例回应，来阐明社会主义道德的原则集体主义所呈现出的道德形态的优越性。在具体

的教学过程中,学生们能够整体把握集体主义的学理立场和价值表达,但仍有同学从切身生活世界出发,追问在社会主义市场经济条件下怎样去理解"个人主义",又怎样辨明"个人主义"与"极端个人主义"的区别,这些追问也构成了未来教学设计中需要解惑的重要面向。

第十讲

确立与传承：全心全意为人民服务

·教学设计·

一、学情分析

1. 学生知识背景：经由前序教学内容的学习，学生对中国革命道德的形成与发展已有总体理解，但对中国革命道德的具体内容认识仍不清晰，对"全心全意为人民服务"这一贯穿中国革命道德始终的红线仍存在表象化、刻板化的理解。

2. 教学内容背景：本讲选自《思想道德与法治》（2023 版）第五章第二节第二目"发扬中国革命道德"，是帮助学生打破思维惯性、深入理解"全心全意为人民服务"的重要节段，也是推动学生将对中国革命道德的情感认识转化为实际行动的关键一环。

二、教学目标

1. 知识与能力维：学生能够掌握中国革命道德的主要内容，并能够通过"确立——创造性提出"与"传承——创新性发展"两个维度，重点把握"全心全意为人民服务"作为贯穿中国革命道德始终的一根红线的基本内涵。

2. 情感与价值维：学生借由历史传承与中西比较双重视角，理解"全心全意为人民服务"的真实性，在此基础上深刻体悟坚持人民至上是马克思主义政党区别于西方政党的显著标志。

三、教学重难点

1. 教学重点：通过"确立"与"传承"两个维度向学生讲清楚"全心全意为人民服务"的历史逻辑与实践力量，使学生认识其对中国的革命、建设、改革事业所产生的重大推动作用。

2. 教学难点：在历史与现实的传承之间，使学生在确切的事实中真正理解"一切为了人民，一切依靠人民"是"全心全意为人民服务"的基本内涵，并能够将其与强国一代所肩负的历史使命有机结合起来。

四、教学创新点

1. 教学引入"经典叙事"的方式，以马克思主义中国化经典著作《为人民服务》《纪念白求恩》《愚公移山》作为阐释对象，在经典释读中引导学生理解"全心全意为人民服务"为何提出及其基本意涵。

2. 教学坚持以问题为导向，通过"为了什么人""做怎样的人"以及"依靠什么人"的问题链条，解释"全心全意为人民服务"的基本涵义。在此基础上，于中西比较与历史串联的横纵维度，使学生更为直观地理解中国共产党"坚持人民至上"并不是抽象的，而是具体的、现实的。

五、教学方法

1. 比较教学法：教学以"民主"作为中西对比的关键词，从

"全覆盖的民主"与"少数人民主"的比照中，引导学生认识到"全心全意为人民服务"这一中国革命道德基本内容当代实践的真实性。

2. 案例分析法：教学将以"移山"作为串联，分别讲述革命年代的"愚公移山"、建设年代的"愚公移山"（红旗渠精神）以及新时代"愚公移山"（脱贫攻坚楷模）等实例，使学生在鲜活的精神传承中更好理解"全心全意为人民服务"的基本内涵。

六、预习任务

请学生提前阅读教材第五章第二节第二目"发扬中国革命道德"，同时学习《习近平著作选读》（第二卷）中收录的《新征程是充满光荣和梦想的远征》。

七、教学纲要

从剑桥博士提出的"为何中国政府肯下血本在西方国家绝不做的'亏本买卖'上？"这一问题及其回应，引出本讲主题。

- 先是从历史视角探讨中华文化基因中的"重民本"传统，进而追问"全心全意为人民服务""何时提出""有何内涵"等问题，引入马克思主义中国化经典文本"老三篇"，来分别回答共产党人"为了什么人、做怎样的人、依靠什么人"等问题，在"读原著"的过程中自然揭示出答案。
- 从实践维度沿着"一切为了人民，一切依靠人民"这一基本内涵脉络，采取横向的中西比较与纵向的案例释明，分别从已经发生或正在发生的事实，引导学生理解"一切为了人民"与"一切依靠人民"的中国实践，从而更具体地理解"全心全意为人民服务"的真实性。

引导学生思考如何立足专业为人民服务，并作理论升华。

八、参考文献

[1] 毛泽东：《纪念白求恩》，载《毛泽东选集》（第二卷），人民出版社，1991。

[2] 毛泽东：《为人民服务》《愚公移山》，载《毛泽东选集》（第三卷），人民出版社，1991。

[3] 中共中央党史和文献研究院、中央学习贯彻习近平新时代中国特色社会主义思想主题教育领导小组办公室编：《习近平关于调查研究论述摘编》，党建读物出版社、中央文献出版社，2023。

[4] 习近平：《习近平著作选读》（第二卷），人民出版社，2023。

[5] 中华人民共和国国务院新闻办公室：《中国的民主》，人民出版社，2021。

九、延伸阅读

1. 中华人民共和国国务院新闻办公室：《中国的全面小康》，人民出版社，2021。

2. 中华人民共和国国务院新闻办公室：《人类减贫的中国实践》，人民出版社，2021。

3. 黄炎培：《延安归来》，国家行政管理出版社，2021。

4. 柯云路：《新星》，江苏凤凰文艺出版社，2018。

5. 徐贵祥：《历史的天空》，人民文学出版社，2019。

6. 王炳林主编：《初心往事：一百个党史故事》，北京师范大学出版社，2021。

·节段实录·

各位同学好，这堂课我们将以"确立"与"传承"为线索，探讨和理解贯穿中国革命道德始终的一根红线——"全心全意为人民服务"。首先，让我们从一篇美版知乎 Quora 上的网文开始说起。在这篇被广泛转载的文章中，来自剑桥的博士采用设问的方式，回答了"为何中国政府肯下血本在西方国家绝不做的买卖上"这一问题。文中，他专门列举说明了中国政府在甘肃、云贵、广西等自然条件恶劣的偏远山区投入大量资金，使这些"不受上苍眷顾的地方"焕发生机，比如过去十年间在陡峭崖壁上建设了许多公路，建成了使天堑变通途的世界最高桥梁等。这些公路和桥梁都是由中国国企主导修建的，从资本的角度考量都是"赔本"的买卖。对于为什么要做亏本买卖，作者给出了答案：那是因为能够为老百姓造福，让大山的子孙有机会走出深山，脱贫致富，这些恰恰是中国共产党"全心全意为人民服务"这一根本宗旨的鲜明表达。

正如马克思所言："研究必须充分地占有材料，分析它的各种发展形式，探寻这些形式的内在联系。"要理解"全心全意为人民服务"，我们也必须从其历史发展的过程中来探究。事实上，从历史维度来看，中华优秀传统文化中一直都有"重民本"的价值追求。上古时期三皇五帝就已经强调民本主义，比如在西汉刘向的《说苑》中记载帝尧曾说："痛万姓之罹罪，忧众生之不遂也。"夏朝文献《尚书·夏书·五子之歌》又提出了"民惟邦本，本固邦宁"的经典论断。此后,从东周时期亚圣孟子的"民贵君轻"到汉唐之际的"黎元为本",再到明末清初著名思想家黄宗羲的"我之出而仕,为万民"的人民情怀。可以看到,"民本思想"始终贯穿于华夏的文化基因。

进入 20 世纪以来,中国共产党作为中华优秀传统文化的忠实传承者和弘扬者,使"重民本"的思想在中国的革命、建设、改革和新时代的具体实践中不断丰富和拓展着。1921 年建党之初,我们便提出中国共产党领导的革命军队"必须与无产阶级一起推翻资本家阶级的政权,必须援助工人阶级,直到社会阶级区分消除的时候";在艰苦的土地革命战争时期,毛泽东提出:"我们应深刻地注意群众生活的问题";新中国成立以后,在分析《1957 年夏季的形势》,部署如何继续开展整风运动时,毛泽东指出"不依靠群众,不发动群众和干部的积极性,就不可能克服困难";改革开放之初,邓小平在中央工作会议上谈到如何贯彻调整方针时强调,"群众路线和群众观点是我们的传家宝";21 世纪之初,我们又提出了"我们党要始终代表中国最广大人民的根本利益";二十年过去了,习近平总书记在广西考察时指出:"让人民生活幸福就是'国之大者'。"

那么,作为我们党的根本宗旨,"全心全意为人民服务"究竟在何时被确切提出? 又有着怎样的深刻内涵呢? 我们不妨回到延安时期,通过经典文献"老三篇"来看看这一宗旨是如何被创造性提出的。让我们一起回到 1944 年 9 月 8 日下午,在延安凤凰山下的枣园沟口操场上,人们正在为一名牺牲的战士举办一场追悼会,毛泽东同志参加并且发表演讲。会后,他在审定讲话记录稿的时候,亲笔写下了"为人民服务"这五个大字作为标题。

同一个历史时期，毛泽东还写就了《纪念白求恩》《愚公移山》。这三篇经典文献经常被放在一起，被称为"老三篇"。各位同学也许不太清楚，但这是我们的父辈们耳熟能详甚至全文背诵的文章，迄今为止，"老三篇"发行超 20 亿册，被译成 80 多种语言。

那么，为什么要写"老三篇"，它们又讲了什么？我们知道，这三篇经典都写作于延安时期，抗战进入了相持阶段，面对日军的疯狂进攻和国民党顽固派的经济封锁，毛泽东在《抗日时期的经济问题和财政问题》曾这样记录道："我们曾经弄到几乎没有衣穿，没有油吃，没有纸，没有菜，战士没有鞋袜，工作人员在冬天没有被盖。国民党用停发经费和经济封锁来对待我们，企图把我们困死，我们的困难真是大极了。"困难形势对我党的工作提出了考验，比如在一头连着军需和一头连着民用的粮食问题上，党群居民在进行资源分配时，必然存在一定的内在紧张。黄炎培先生在《延安归来》中曾讲："延安五日所见，当然是距离我理想相当近的。中共现时所走的路线，不求好听好看，切实寻觅民众的痛苦，寻觅实际知识，从事实际工作。"用毛泽东同志的话说，就是"十个没有"，一片风清气正。但是，在这样的客观事实背后，我们不能否认的是，在极个别时期、个别地区仍然存在着党群、干群关系紧张的局面。那么，如何处理好党群关系、干群关系，如何看待当时的困难和革命的前途问题，成为共产党人必须要回答的问题。

"老三篇"正是通过讲述一名共产党员、一位外国友人、一个神话人物这三个道德榜样的故事，回答了共产党人"为了什么人、做怎样的人、依靠什么人"这一系列重要问题，这为"全心全意为人民服务"的正式提出做了重要准备。先来看"为了什么人"。让我们走进《为人民服务》这篇经典中。这篇文章纪念的主人公叫张思德,他 1933 年参军,1937 年加入中国共产党,是一名在长征中三过雪山、草地的战士。到达延安后,面对日本侵略军的疯狂"扫荡"、国民党顽固派的经济封锁,张思德带领战友进山烧炭。1944 年,他为了救战友,经历炭窑崩塌而牺牲。毛泽东这样评价道:"张思德同志的死是比泰山还重的。"为什么这样讲? 因为在这名默默耕耘的普通战士身上,集中体现了共产党人的人生观和价值观,就是"彻底地为人民的利益工作"。正如习近平总书记所讲:"延安时期,毛泽东同志在追悼张思德同志时发表的《为人民服务》的演讲,深刻揭示了党群关系、干群关系、军民关系的真谛。"

再来看大家都熟悉的外国友人白求恩。1939 年毛泽东写下《纪念白求恩》一文,通过悼念白求恩回答了"应当做怎样的人"的问题。1938 年,白求恩在抗战艰难时刻来到中国,1939 在为伤员手术时不幸感染离世。在他的遗书中有这样一段话:"我在这里十分快乐,我唯一的希望是能多有贡献。"毛泽东把白求恩这种毫无利己的价值感和使命感称为国际主义和共产主义精神,这种精神就是"对工作的极端的负责任,对同志对人民的极端的热忱"。在文末,毛泽东写了一段被几代中国人传读的经典:"一个人能力有大小,但是只要有这点精神,就是一个高尚的人,一个纯粹的人,一个有道德的人,一个脱离了低级趣味的人,一个有益于人民的人。"

"老三篇"的最后一篇是《愚公移山》,这是 1945 年中共七大的闭幕词。同学们可能会好奇,为什么在如此重要的会议上,会引用寓言故事作为闭幕词的标题呢? 实际上,这是借用愚公移山的故事来告诫人们，共产党人要下定决心，排除万难，挖掉两座大山，并且用我们不断的努力工作去感动"上帝"。那么这个"上帝"是谁？这个"上帝"不是为愚公搬走太行王屋的抽象的救世主或者什么神仙皇帝，而是具体的、现实的人，"就是全中国的人民大众"，而党的路线"就是放手发动群众，壮大人民力量"。也就是说，务必要放手发动群众，依靠群众，才能取得最后的胜利。正是在党的七大上，我党首次将"全心全意为人民服务"写进党章，确立了"全心全意为人民服务"的党的宗旨。

"老三篇"距今已经发表了八十余年了，我们党也从当时只有 121 万名党员的年轻政党成长为拥有 9 800 多万党员的百年大党。我们说百年正是风华正茂，那么这个政党永葆年轻的奥秘是什么？可以说，从星星之火可以燎原，再到愚公移山所展现的革命乐观主义精神，我们对革命的前途从来都是自信的。这个自信的底气来自何处？中国革命、建设、改革的实践历程给出了答案，那就是人民，就是"不要半心半意或者三分之二的心三分之二的意为人民服务"，而是坚守"全心全意为人民服务"的根本宗旨。百年来，共产党人的人民立场始终未曾改变，而"坚持人民至上"也成为中国共产党百年奋斗的一条宝贵历史经验。可以说，人民至上最重要的是两句话：一句是"一切为了人民"，另一句是"一切依靠人民"。

接下来，我们不妨走到我们正在生活的现实世界中，来理解我们对"全心全意为人民服务"的切实传承。所谓比较出真知，我们就以大家比较关切的"民主"作为关键词，在具体的实践中先来理解何谓"一切为了人民"。我们不妨通过美国大选来看看为什么说美式民主并不是为了全体人民，而是为了少数利益群体的"精英民主"。先来看看美国总统候选人的基本条件是什么？除了生来就是美国公民，年满 35 岁等基本条件外，还有一个非常重要的条件，就是"要有钱"。那具体要有多少钱呢？

2020 年，美国总统选举的总费用达到了 140 亿美元。2022 年，其中期选举的费用更是创历史新高达到 167 亿美元。在 2018 年的美国总统中期选举中，一个参议院席位的平均成本是近 2 000 万美元，一个众议院席位的平均成本也要花费 150 万美元。我们要知道，2018 年美国人均 GDP 为 6 万多美元，这意味着绝大多数人从一开始就被排除在竞选议员的大门之外，所谓"民主样板"不过是金钱政治，而这种金钱政治维护的是少数金主的利益。当然，这些金主们并不是慈善家，他们不过是通过政治献金来换取政治信用。这就可以很好地解释虽然近年来美国民众深受枪支泛滥之苦，但禁枪却仍步履维艰。

可见，西方民主并不是全体人民的民主，只不过是"金主"主导下的精英民主或少数人的民主。与西方不同，我们的全过程人民民主作为全覆盖的民主，则是保障最广大人民利益的民主。同学们都知道，我国实行人民代表大会制度，人大代表来自人民。从横向来看，这些代表来自各地区、各民族、各方面、各阶层；纵向上，全国、省、市、县、乡五级都有人民代表大会，具有广泛代表性。截至 2020 年底，全国共有人大代表 262 万名，其中县乡两级人大代表占代表总数的 94.5%。更为重要的是，我们的民主体现在人民对美好生活向往的方方面面。我国人均国内生产总值从 1952 年的几十美元增至 2022 年的 1 万多美元，实现从低收入国家到中等偏上收入国家的历史性跨越，城乡居民恩格尔系数分别从 1978 年的 57.5%、67.7% 下降到 2022 年的

29.5％、33.0％，城乡居民生活质量不断提升。

此外，我国学前教育普及率、普惠率超过 84％，九年义务教育巩固率达到 95％以上，高中阶段教育全面普及，区域、城乡、校际教育差距逐步缩小，从"学有所教"到"学有优教"……新时代以来，我们完成脱贫攻坚、全面建成小康社会的历史任务，实现第一个百年奋斗目标这件大事。当然，我们的小康是全体人民共同享有发展成果的小康。可以看到，改革开放 40 多年来，我们有 7.7 亿人口摆脱贫困，并且建成了世界上最大的社保体系，成为世界上最有安全感的国家之一，现在正在向着让 14 亿全体中国人民物质生活与精神生活共同富裕的目标迈进。

"人民至上"还有一层涵义，那就是"一切依靠人民"。党的二十大报告中特别讲道："新时代的伟大成就是党和人民一道拼出来、干出来、奋斗出来的！"该怎么去理解这句话呢？所谓实践见真知，我们不妨先从一条修建于 20 世纪 60 年代的"人工天河"红旗渠开始说起。为何要修天河？河南林县位于太行山东麓，恶劣的地理环境导致林县久旱不收，而面对天灾，是苦熬还是苦干？在林县县委的反复论证下，1960 年初，林县人民决定向穷山恶水宣战，开始了劈开太行山，引山西的浊漳水入林县的浩大工程。但是，问题来了：一无技术、二无经验、三无材料的林县人靠什么修天河呢？靠的是 30 万林县人用一锤、一钎、一双手，凿穿太行山 1 200 多座山头、211 个隧洞，历时近十年，建成了全长 1 500 公里的红旗渠。

同学们很难想象，林县人民用双手挖出的土石筑成高 2 米、宽 3 米的墙，可以纵贯中国南北，而红旗渠精神也恰恰体现着我们党为人民服务的宗旨。新中国成立以来，红旗渠精神和同学们所熟悉的大庆精神、北大荒精神、塞罕坝精神、特区精神、劳模精神、抗洪精神等一起成为中国共产党人精神谱系中的重要拼图，而这些精神的凝聚也恰恰是建设和改革过程中对"全心全意为人民服务"的赓续。正如习近平总书记在十八届中央政治局第十一次集体学习时讲话所讲："为了人民而改革，改革才有意义；依靠人民而改革，改革才有动力。"中国特色社会主义进入新时代，从带领村民抠也要抠出一条致富山路的全国脱贫攻坚楷模毛相林，到紧紧依靠人民打赢疫情防控攻坚战，再到郑州暴雨、重庆山火中，救援队伍、志愿者和热心群众用无数微光守护家园的动人故事，这些奋斗和奉献构筑了上下同心的脱贫攻坚精神、举国同心的伟大抗疫精神以及"三牛精神"等，这也恰恰是在新时代对"全心全意为人民服务"的传承。

接下来，我们来总结一下本讲内容。我们先是从历史维度的寻迹中，理解"为人民服务"的理念印刻于中华民族的文化基因中；进而走近经典著作"老三篇"，通过"老三篇"对中国共产党为了什么人、做怎样的人、依靠什么人的科学阐释，理解了"全心全意为人民服务"作为贯穿中国革命道德始终的一根红线并不是抽象的，而是中国共产党人在革命实践中确立的一个伟大创造；随后我们走到建设、改革和新时代的社会实践中，通过横向比较与纵向发展两个视角，分别从"一切为了人民、一切依靠人民"两个方面理解了"全心全意为人民服务"的深刻内涵。

最后，我给各位留一道思考题。习近平总书记在二十届中央政治局常委同中外记者见面时强调："新征程上，我们要始终坚持一切为了人民、一切依靠人民。一路走来，我们紧紧依靠人民交出了一份又一份载入史册的答卷。面向未来，我们仍然要依靠人民创造新的历史伟业。"请各位同学阅读《"党史六对"启示录》的"洞前对""窑洞对"与"赶考对"三个部分，思考：作为时代新人，我们应该怎样立足专业所学，在具体的、现实的生活中发扬"全心全意为人民服务"的精神？

·教学反思·

本讲选自《思想道德与法治》教材第五章第二节第二目"发扬中国革命道德"，是"吸收借鉴优秀道德成果"一节中的教学重点。纵观中小学教材，关于"全心全意为人民服务"的专题讲述并不多见，在基础教育阶段的教材体系中，并未对"全心全意为人民服务"做具体介绍；高中学段《思想政治》必修3《政治与法治》和必修4《哲学与文化》中均有小幅涉及（见表 10 - 1）。但是，高中学段相关内容仅从常识和故事的意义上介绍了"全心全意为人民服务是中国共产党的根本宗旨"，对历史沿革与基本内涵等学理问题并未触及。

表 10 - 1　中小学学段教材关于"全心全意为人民服务"相关探讨示意表

关键词	学　段	章　节	内　容
全心全意为人民服务	高中必修3	第一单元第二课第一节	第一目《党的性质和宗旨》
	高中必修4	第二单元第五课第三节	第二目《群众观点和群众路线》

因此,大学学段相关教学应接续高中学段对"全心全意为人民服务"的感性探讨,从故事讲述视角下的"是什么"走向逻辑与学理深处,结合学生既有的普遍性疑问,引导学生探究"全心全意为人民服务""为何提出""何时提出""意涵为何""有何价值""如何持守"等系列问题,并在循序展开教学设计的过程中做出回应。在教学展开过程中,以"确立"与"传承"教学线索,于回溯"重民本"这一中华优秀传统文化的基础上,自觉介入"原著意识",将学生较为熟悉的马克思主义中国化的经典著作、诞生于革命时期且集中体现中国革命道德的"老三篇"(《为人民服务》《纪念白求恩》《愚公移山》)作为教学资源,并采取场景转换的蒙太奇教学方式,引领学生在确凿的历史事实中逐步理解"全心全意为人民服务"的基本意涵,消除学生"熟知但并不真知"的陌生化和距离感;而后,再从实践的视角探讨"全心全意为人民服务"的传承与赓续,从横向中西民主比较与纵向前后相续的实例中,让学生更具象立体地理解"一切为了人民""一切依靠人民"及其所彰显的历史价值。在具体的教学展开中,学生基本能够从"是什么""为什么""怎么办"的教学逻辑中,于学理与实践的意义上全面理解"全心全意为人民服务",但怎样从自身所处的生活世界出发,真正将"全心全意为人民服务"融入个体的志业观中,仍然是摆在未来教学设计中的重难点。

第十一讲

去伪与存真："党大还是法大" 是个伪命题

· 教学设计 ·

一、学情分析

1. 学生知识背景：经由前序教学内容的学习，学生基本能够理解"为什么要走中国特色社会主义法治道路"，但对"坚持中国特色社会主义法治道路必须遵循的原则"中所涉及"党与法的关系"这一细节问题仍不明晰，需要教师予以解疑性引导。

2. 教学内容背景：本讲选取内容是《思想道德与法治》(2023版)第六章第二节第二目，是"坚持走中国特色社会主义法治道路"的重难点，是教材最新修订版中的新增内容。辨析好这一问题，是引导学生全面理解"坚持中国特色社会主义法治道路必须遵守的原则"的关键内容。

二、教学目标

1. 知识与能力维：学生能够通过逻辑论证与比喻说理，在具象理解党的领导、人民当家作主与依法治国三者关系的基础上，廓清在法治与政治关系问题上的模糊认识和错误观点。

2. 情感与价值维：学生在体认党的领导是中国特色社会主义法治之魂的基础上，更好地理解中国特色社会主义道路必须遵循的原则，从而增强对中国特色社会主义法治道路的认同。

三、教学重难点

1. 教学重点：通过层层逻辑分析与较易理解的举例说明，着力使学生明辨"党大还是法大"是一个伪命题，并能够自觉批判这类别有用心的言论。

2. 教学难点：通过法律制定的示例说明，让学生从整体上理解社会主义法律是如何体现党的主张和人民意志相统一的，进而逐步理解政治与法治的关系。

四、教学创新点

1. 教学坚持以问题为导向，直面在学生中具有普遍性的理论困惑，在伪命题与真命题的比较中，使学生在理论与逻辑上更好地理解"党大还是法大"是个伪命题。

2. 教学采取互动质询的方式，层层剖析政治与法治、权力与法治的关系，在提问与答疑的过程中，引导学生运用辩证思维，从历史与现实的多个层面自主思考在党与法之间作简单比较的危害。

五、教学方法

1. 案例教学法：教学中将援引民法典相关案例，从多个维度对"党大还是法大"这一伪命题进行分析，使学生深刻认识到党的领导与依法治国的关系，批判错误认知。

2. 史论结合法：教学将结合中国特色社会主义法律体系的建设历程，以此作为论据来论证法律的制定与党的领导的关系，从而深化学生对中国特色社会主义法治道路的理解。

六、预习任务

请学生提前阅读教材的第六章第二节第二目"坚持走中国特色社会主义法治道路"，并学习习近平总书记在《求是》杂志发表的文章《坚定不移走中国特色社会主义法治道路 为全面建设社会主义现代化国家提供有力法治保障》。

七、教学纲要

> 从"党大还是法大"的质疑出发，提出问题，引发学生思考。

- 去伪：通过"五四宪法"诞生记与"民法典"编纂两个示例，引导学生从法律制定的视角理解社会主义法律是党的主张与人民意志相统一的。随后通过比喻说理的方式自然导入对"党的领导""人民当家作主"与"依法治国"三者相互统一关系的探讨，进而从学理意义上引导学生于"目的与手段""形式与内容"两个角度辨析政治与法治的关系。
- 存真：在从学理上讲清楚如何辨析真命题与伪命题的基础上，直面现实生活中可能存在的极少数"以言代法""以权压法"的现象，以辩证的视角引导学生从"整体与个体""立法与守法"两个视角来全面而具体地认识和剖析权与法的关系，并以直观的数据让学生更好理解新时代党的建设向纵深发展的现实成效。

> 梳理与总结，作以理论升华。

八、参考文献

[1] 习近平:《论全面坚持依法治国》,中央文献出版社,2020。

[2] 习近平:《坚定不移走中国特色社会主义法治道路 为全面建设社会主义现代化国家提供有力法治保障》,载《求是》2021年第5期。

[3] 中共中央宣传部、中央全面依法治国委员会办公室:《习近平法治思想学习纲要》,人民出版社、学习出版社,2021。

[4] 本书编写组:《〈思想道德修养与法律基础〉辅导用书》,高等教育出版社,2020。

[5] 张会峰:《坚持走中国特色社会主义法治道路》,载《教学与研究》2020年第6期。

九、延伸阅读

1. 习近平:《健全全面从严治党体系 推动新时代党的建设新的伟大工程向纵深发展》,载《求是》2023年第12期。

2. 中央全面依法治国委员会办公室:《中国共产党百年法治大事记》,人民出版社,2022。

3. 中共中央宣传部理论局:《法治热点面对面》,学习出版社、人民出版社,2015。

4. 中共中央党史和文献研究院:《习近平关于依规治党论述摘编》,中央文献出版社,2022。

5. 本书编写组:《新时代全面依法治国学习问答》,党建读物出版社,2021。

· 节段实录 ·

各位同学好，这堂课我们将以"去伪"和"存真"为线索，一同探讨和辨析为什么说"党大还是法大"是个伪命题。让我们从一个似是而非的"疑问"开始讲起。有人说：在《中国共产党章程》的总纲中写道："党政军民学，东西南北中，党是领导一切的。"这体现了党的最高领导地位；而同时，我国现行宪法第五条规定"一切国家机关和武装力量、各政党、各社会团体和各企业组织都要遵守宪法和法律"，这就体现了法律至上。一方面，党是领导一切的核心；另一方面，宪法作为最高法律具有至上地位。

那么，党的领导和法治之间到底是什么关系？于是，有人就此提出所谓"党大还是法大"的问题，甚至少数人在网络上别有用心地炒作这一命题。其实，对于这个命题，习近平总书记曾明确指出："'党大还是法大'是一个政治陷阱，是一个伪命题。对这个问题，我们不能含糊其词、语焉不详，要明确予以回答。"这一讲，我们就把重点放在"去伪"上，通过对具体立法实践与政治法治关系的理论探讨来理解为什么说"党大还是法大"是个伪命题。

事实上，要破解这个问题，最核心的是要回应"党"与"法"的关系。首先，我们不妨从法律的制定开始讲起。同学们都知道，中国特色社会主义法律体系的建立，为全面依法治国提供了重要保障。到 2021 年 10 月，我国现行有效法律为 288 件，其中有我们熟知的宪法以及刑法、民法商法、行政法等部门法。那么，这些法律是如何被制定出来的呢？

接下来，我们就以"五四宪法"的诞生过程，以及当代中国"社会生活百科全书"——民法典的编纂为例。让我们把时针拨回到 1953 年。在这一年，《人民日报》的元旦社论《迎接一九五三年的伟大任务》中，将"召集全国人民代表大会，通过宪法，通过国家建设计划"列为三项伟大任务之一向全国公布。经过一年的筹备，1954 年初，毛泽东在杭州西湖主持起草新中国第一部宪法，也就是"五四宪法"，后来这部草案也被称为"西湖稿"。

1954 年 6 月 16 日，《人民日报》刊登了宪法草案全文，引发了全民大讨论。此后的两个月间，全国各界参与讨论的人数达 1.5 亿人，约占当时全国总人口的四分之一，前前后后通过信件等方式征集到了 118 万余条修改或补充意见。同年 9 月，在第一届全国人民代表大会第一次全体会议上全票通过《中华人民共和国宪法》。当我们回望新中国第一部"人民的宪法"的诞生记，同学们可以直观地看到这部宪法是党领导人民制定法律的一个范例，也成为党领导人民依法治国历史进程中的一座丰碑。

我们再来看看 60 年后，在中国特色社会主义法律体系中居于基础性地位的《中华人民共和国民法典》（以下简称民法典）的编纂过程。2014 年，党的十八届四中全会决定编纂民法典。作为党的十八届四中全会确立的一项重大立法任务和重大政治任务，自 2015 年正式启动以来，民法典编纂工作始终在以习近平同志为核心的党中央的统一领导下有序推进。2016 年 6 月、2018 年 8 月、2019 年 12 月，习近平总书记三次主持中央政治局常委会会议，听取并原则同意全国人大常委会党组就民法典编纂工作所作的请示汇报，对民法典编纂工作作出重要指示，为民法典编纂工作提供了重要指导和基本遵循。

到 2020 年"两会"前,《民法典》草案前后 10 次提交全国人大常委会审议。为了充分保障最广大人民群众的参与权,草案每次审议后都通过中国人大网公开征收社会公众意见。先后有 42 万余人参与,提出意见和建议 102 万条。我们所熟知的鼓励见义勇为的"好人条款"以及"禁止高利贷""个人信息保护""离婚冷静期"等社会普遍关注的焦点民事问题,还有保障住有所居的"居住权设立"等新亮点新规定,其实都源自并反映着老百姓的真实意愿。在这个意义上,我们说民法典编纂过程中所体现的"民有所呼,典有所应",恰恰是党领导下科学立法、民主立法最为直接的彰显。可以说,从新中国第一部"人民的宪法"再到新时代第一部"人民的法典",可以看到,我国法律的制定恰恰是党的主张与人民意志相统一的充分体现。同时,多年来的立法实践也反映出社会主义民主政治建设的基本遵循,那就是坚持党的领导、人民当家作主与依法治国的有机统一。

接下来,我们一起来分析这三者之间的关系。党的十九大报告对三者关系有这样一段阐释:"党的领导是人民当家作主和依法治国的根本保证,人民当家作主是社会主义民主政治的本质特征,依法治国是党领导人民治理国家的基本方式,三者统一于我国社会主义民主政治伟大实践。"党的二十大报告中关于"发展全过程人民民主,保障人民当家作主"的论述又再次提及"坚持党的领导、人民当家作主与依法治国有机统一"。

为了更加形象地理解三者间的关系,我们不妨将社会主义民主政治比喻为一场磅礴悠远的交响乐演奏。首先需要人民来演奏、人民当乐手,这就是人民民主;其次,既然是交响乐,就要确保乐章间协调流畅,当然需要统一的乐谱,而这个乐谱就是法律;最后,一场令人心绪沸腾的演奏,光靠乐手和乐谱是不够的,还必须要有一个能够把握节奏、指示节拍的优秀指挥,而这个指挥就是中国共产党。因此,我们说,社会主义民主政治的交响曲必须有党的指挥,才能协调各方,保证让人民的好技艺与乐谱的好旋律相得益彰。当然,党要指挥人民演奏出和谐乐曲,也必须按照既定乐谱,也就是依法办事,才能实现治国理政的目标。到这里,我们从立法实践再到三者关系的形象解读,相信同学们能够感性意识到党的领导与依法治国不是相对立的,而是相统一的,所以不存在谁大谁小的问题。但是,我们要彻底去伪,还必须进一步深入到党和法的关系的理论探讨上来。那么,党和法到底是什么关系?

习近平总书记曾经指出:"党和法的关系是政治与法治关系的集中反映。法治当中有政治,没有脱离政治的法治。""每一种法治形态背后都有一套政治理论,每一种法治模式当中都有一种政治逻辑,每一条法治道路底下都有一种政治立场。"接下来,我们从政治与法治的视角来看党和法的关系,我们可以将两者的关系具体理解为目的和手段的关系。政治是目的,法治是实现政治目的的手段,"在法治的轨道上建设社会主义现代化国家"就是两者关系的生动表达。

这里,我们尝试做一个形象的类比,我们说法治是社会主义民主政治运行的轨道,而这个轨道上正在运行着我们的复兴号列车,党是领导人民治国理政的火车头。一旦脱离轨道,复兴号火车步步难行;而只有轨道、没有火车头牵引的火车,也难以前行。如果我们要问轨道大还是火车大,恐怕就是一个典型伪问题。此外，如果我们从逻辑上来看，党的本质是一个政治组织，而法的本质是行为规则，两者不存在谁比谁大的问题。因此，我们不能搞简单的比较。在这个意义上，我们说"党大还是法大"是一个话语陷阱，是一个伪命题。但是，去伪并不意味着问题的终结，因为在其背后还存在一个我们必须要正视的真问题，那就是"权大还是法大"的问题。

为什么说"权大还是法大"是一个真问题呢？下面，我们先从马克思主义立场看如何明辨真问题。我们说，伪问题是一种典型的瞎说一气、不受客观检查的形而上学。但是，马克思主义的精髓在于对具体情况具体分析。何谓具体问题？就是在现实中真实、客观存在的问题与现象，也就是真问题。纵观人类政治文明史，权力是一把双刃剑，在法治轨道上行使可以造福人民，在法律之外行使则必然祸国殃民。正如习近平总书记所讲："如果说'党大还是法大'是一个伪命题，那么对各级党政组织、各级领导干部来说，权大还是法大则是一个真命题。"

接下来，我们一起从整体与个体、立法与守法两个视角，来具体辨析权与法的关系。先从整体与个体的视角来看权与法的关系。从整体层面看，我们说不存在"党大还是法大"的问题，是把党作为一个执政整体，就党的执政地位与领导地位而言的。根据 2023 年 6 月中组部发布的中国共产党党内统计公报，中国共产党是由 9 800 多万名党员个体、500 多万个基层党组织组成的。因此，具体到每个党政组织、每个领导干部而言，就必须守好一个界限：那就是服从和遵守宪法法律，不能把党的领导作为个人以言代法、以权压法、徇私枉法的挡箭牌。

此外,我们还可以从立法与守法的视角看权与法的关系。前面我们讲到,法律是作为整体的党领导人民制定出来的,法律的立改废释都要体现党和人民的意志。所谓科学立法、民主立法、依法立法的一个重要的题中之义就是不得以权左右法律的制定。同时,当法律生成以后,各级党组织和党员领导干部要带头守法,国家机关要做到严格执法、公正司法,每一名党员和每一位公民要遵守法律。我们说,不存在法外之人,不存在法上之权。我们讲法律至上,就是在这个层面讲的。那么,如何保证并非抽象数字而是具体的党员干部行走在分寸之间?那就是刀刃向内,自我革命,也就是全面从严治党,将依法治国与依规治党相统一。截至 2021 年 7 月 1 日,全党现行有效党内法规共 3 615 部,这些法规的目的就是依法设定权力、规范权力、制约权力、监督权力,将权力关进制度的笼子里。可以看到,全面从严治党得到人民群众坚定支持和认可。据 2022 年国家统计局民意调查显示,97.4% 的群众对全面从严治党、党风廉政建设和反腐败工作成效表示满意,比 2012 年提高了22.4 个百分点。

下面,让我们一起来简单回顾一下本讲内容。我们先从法律制定的实践案例开始讲起,理解了党的领导、人民当家作主与依法治国有机统一的关系;随后,特别从政治与法治的视角来看党与法关系,并通过比喻的方式从内容与形式、目的与手段两个方面理解"党大还是法大"其实是一个伪命题。在"去伪"以后,我们又从整体与个体、立法与守法两个层面,探讨了权与法的关系,明确了"权大还是法大"才是需要我们正视的真命题。

　　但是，我想请同学们注意的是，无论是对于"党大还是法大"的"去伪"，还是对"权大还是法大"的"存真"，理清这些问题的重要目的在于让同学们明辨政治和法治的关系，更好理解党的二十大报告中所讲的"发展全过程人民民主，保障人民当家作主，必须坚持党的领导、人民当家作主与依法治国有机统一"。

　　最后，我给同学们留一道思考题。正所谓，"奉法者强则国强"。习近平总书记曾讲："推进党的领导的制度化、法治化，既是加强党的领导的应有之义，也是法治建设的重要任务。""为什么我国能保持长期稳定，没有乱？根本的一条就是我们始终坚持共产党领导。"请同学们观看由 1937 年发生在陕甘宁边区的真实事件改编的电影《黄克功案件》，去思考如何理解依法治国与依规治党的关系？下一堂课，我们将结合"黄克功案"，深入讨论这个问题。

· 教学反思 ·

　　本讲选自《思想道德与法治》教材第六章第二节第二目"坚持走中国特色社会主义法治道路"，是"坚持全面依法治国"一节中的教学重点，也是讲清楚"坚持中国特色社会主义法治道路必须遵守的原则"需要澄清的焦点问题。纵观中小学教材，关于"全面依法治国"的教学内容在教学目标上呈现出拾级而上的特点(见表 11 - 1)。需要指出的是,其中"全面推进依法治国总原则"一题所涉内容与大学学段"坚持中国特色社会主义法治道路必须遵循的原则"基本一致。

表 11 - 1　中小学学段教材关于"全面依法治国"相关探讨示意表

关键词	学　段	章　节	内　容
全面依法治国	初中九年级上册	第二单元第四课	《建设法治中国》
	高中必修 3	第三单元第七课第二节	《全面推进依法治国的总目标与原则》

因此,大学学段相关教学不应当停留在对"原则"的简单重复,应当以学生在逻辑与学理上的困惑为锚点,着力于明辨新教材的新增内容"为什么说'党大还是法大'是个伪命题"。在教学设计过程中,直面问题本身,以"去伪"与"存真"作为教学的逻辑线索,将教学重心放置于"去伪"的叙事上,讲清楚伪问题"伪"在何处,如何在现实生活学会运用辩证唯物主义的方法"去伪"。在这个逻辑背景下,教学过程运用立法实践的案例呈现与交响乐演奏比喻说理的方式,沿着"法律制定如何体现党的主张与人民意志相统一"—"党的领导、人民当家作主与依法治国有怎样的关系"—"如何理解政治与法治的关系"前后相接的问答线索,以"剥洋葱"的方式回答"党大还是法大"实质上是一个别有用心的话语陷阱。但是,"去伪"并不意味着问题的终结,还要剖析其背后可能存在的真问题。先是引导学生从辩证唯物主义视角掌握明辨真伪问题的方法,继而从"整体与个体""立法与守法"两个层面来讲明权与法的关系;进一步地,于课程的延长线上推动

学生思考全面依法治国与全面从严治党的辩证关系。在具体的教学过程,学生大体能够在层层递进的教学逻辑中,从学理层面明辨"党大还是法大"是一个伪命题,但对为何要制造这样的逻辑陷阱,谁在制造此类似是而非的伪命题等问题仍存有疑问,这仍然是未来教学设计中需要植入和回应的重要问题。

第十二讲

何谓与何为：尊重和保障人权原则

· 教学设计 ·

一、学情分析

1. 学生知识背景：经由前序教学对宪法形成发展及其基本原则的整体介绍，学生能够大体理解宪法制定、修改、实施与遵守等环节中起指导作用的基本原则，相较其他原则，课堂随访中多数学生对其中"尊重和保护人权原则"仍不清晰。

2. 教学内容背景：本讲选自《思想道德与法治》（2023 版）第六章第三节第二目"我国宪法的地位和基本原则"。在引导学生总体理解宪法的五个基本原则的基础上，本讲将在知识维度与价值维度两个方面，重点讲解尊重和保障人权原则。

二、教学目标

1. 知识与能力维：学生能够全面理解我国宪法"尊重和保障人权原则"及其内在精神，明晰中国人权理念发展历史进程及其实践成就，深入理解宪法赋予公民的基本权利和自由。

2. 情感与价值维：学生能够在学习宪法尊重和保障人权这一基本原则的基础上，理解这一原则对公民生存权和发展权的实践保障，推动青年学生在日常生活中更好弘扬宪法精神，做懂法、守法的公民。

三、教学重难点

1. 教学重点：教学以"何谓"与"何为"作为讲解逻辑，使学生了解中国人权理念的形成与发展，在新时代社会生活的广阔天地中认识我国宪法尊重和保障人权原则在政治、经济、文化、社会以及生态等多方面的现实成就。

2. 教学难点：从"两个结合"即马克思主义人权观同中国具体实际相结合、同中华优秀传统文化相结合的角度，层层剖析，引导青年学生理解新时代中国以"人民为中心"的人权理念的形成与发展。

四、教学创新点

1. 教学注重与专业法学教育的区别，强调将中国共产党百年来尊重和保障人权的伟大实践作为教学空间，从"两个结合"的视角引导学生理解中国的人权理念，并在现行法律规则与社会生活实践中深刻体悟宪法尊重和保障人权原则的法治保障作用。

2. 教学坚持以事实为论据，通过定量可见的数据使学生具体感知新时代以人民为中心的人权理念不是虚幻的，而是按照本国国情和人民需要不断推进的，并且具体而微地彰显于法治领域与社会生活的方方面面。

五、教学方法

1. 案例教学法：教学将通过大量源于时代且与学生生活贴近的案例，引导学生从现实可感却常常忽略的客观事实中，去体认尊重和保障人权这一宪法基本原则的具体展现。

2. 史论结合法：教学将充分融入马克思主义人权观中国化的历史进程，从不同历史时期中国共产党人权实践的推进过程中，引导学生以大历史观理解我国人权理念的形成过程，从而更好地理解新时代中国的人权理念。

六、预习任务

请学生提前阅读教材的第六章第三节第二目"我国宪法的地位和基本原则"，并学习习近平总书记在《求是》杂志发表文章《坚定不移走中国人权发展道路 更好推动我国人权事业发展》。

七、教学纲要

> 从一组数据对比中，让学生在直观人权状况比较中引发对人权问题的思考。

- 何谓：立足"两个结合"即尊重和保障人权的理论遵循，先从革命、建设、改革、新时代不同阶段循序讲清党团结带领人民尊重和保障人权的历史实践，再从中华优秀传统文化涵义的人权思想，明确"以人民中心"的人权理念的定义与道义。
- 何为：着眼"两个视角"即现行法律与社会生活的丰富实践，采取以小见大的方法，先是聚焦民法典中的亮点人格权编，经由法律规则的案例解读法治对"人民生活幸福"这个最大人权的切实保障，另从直观可感的数据呈现改革开放以来中国人权事业的巨大成就。

> 引导学生增强对我国人权理念的情感与实践认同，并作以理论升华。

八、参考文献

［1］习近平：《坚定不移走中国人权发展道路　更好推动我国人权事业发展》，《求是》2022 年第 12 期。

［2］中共中央党史和文献研究院编：《习近平关于尊重和保障人权论述摘编》，中央文献出版社，2021。

［3］中华人民共和国国务院新闻办公室：《为人民谋幸福：新中国人权事业发展 70 年》，人民出版社，2019。

［4］中华人民共和国国务院新闻办公室：《中国共产党尊重和保障人权的伟大实践》，人民出版社，2021。

［5］中华人民共和国国务院新闻办公室：《全面建成小康社会：中国人权事业发展的光辉篇章》，人民出版社，2021。

九、延伸阅读

1. 马克思：《哥达纲领批判》，载《马克思恩格斯文集》（第三卷），人民出版社，2009。

2. 中华人民共和国国务院新闻办公室：《人类减贫的中国实践》，人民出版社，2021。

3. 中华人民共和国国务院新闻办公室：《国家人权行动计划》（2021—2025 年），人民出版社，2021。

4. 徐涤宇、张家勇：《〈中华人民共和国民法典〉评注（精要版）》，中国人民大学出版社，2022。

5. 王利明：《人格尊严：民法典人格权编的首要价值》，载《当代法学》2021 年第 1 期。

· 节段实录 ·

各位同学好,这堂课我们将以"何谓"与"何为"作为线索,一起来探讨和理解"尊重和保障人权"这一宪法的基本原则。首先,让我们来看一组数据对比:美国印第安人口从 16 世纪的 500 万锐减至 20 世纪的 25 万,而中国维吾尔族人口则从新中国成立之初的 360 万快速增加至 2020 年的 1 162 万。这一数据对比说明了什么? 我们知道,一段时间以来,西方不断编造涉疆、涉藏的公开谎言,对中国的人权状况进行诬蔑和攻击,企图以人权为借口干涉中国内政。通过数据对比,我们可以看到,维吾尔族人民的生存与发展权得到了保障,而经常以人权为借口干涉他国内政的美国,却对国内印第安人恶劣的人权处境视而不见。评价一个国家是否有人权不能搞双重标准,更不能把人权当作干涉别国内政的政治工具。

所谓"名非天造,必从其实"。事实上,站在唯物史观的立场上来看,每个国家的人权发展都不是抽象的,而是历史的、具体的、现实的。正因为如此,我国的人权之路也不是其他国家规定的,而有着我们自己的发展轨迹。接下来,我们不妨走近我国现行宪法第二章第三十三条中的"尊重和保障人权"这一基本原则,理解中国人权保障的广泛性与真实性。让我们从"何谓"出发,来理解和把握中国的人权理念与实践。列宁曾讲:"最可靠、最必需、最重要的就是不要忘记基本的历史联系,考察每个问题都要看某种现象在历史上怎样产生、在发展中经过了哪些主要阶段,并根据它的这种发展去考察这一事物现在是怎样的。"我国人权理念也恰恰是在"两个结合"中不断发展的,所谓"两个结合",就是坚持把马克思主义人权观同中国的具体实际相结合,同中华优秀传统文化相结合,这是我们党团结带领人民尊重和保障人权取得的成功经验和理论遵循。因此,要理解中国的人权理念,先需要理解什么是马克思主义人权观。

让我们先来回顾本门课程的"阿基米德支点"——马克思主义关于人的本质的核心论断,这也是我们本讲的重要理论工具。我们知道,人的本质是一切社会关系的总和,人是社会的存在物,就像马克思在《哥达纲领批判》中所指出的:"权利决不能超出社会的经济结构以及由经济结构制约的社会的文化发展。"在这个意义上,当我们回溯人类社会发展的历程时,不难发现,在奴隶社会与封建社会中,相对于奴隶主阶级而言,奴隶是非人的;而君臣父子一类的"三纲五常"又规定作为人臣与人子的权利是极为有限的。到了资本主义社会,虽然启蒙思想家们所提出的"天赋人权"具有历史的进步性,但是,由于其对生产资料的私人占有关系,资本主义社会的人权也只不过是少数资产阶级的人权。事实上,无论是美国的《独立宣言》还是法国的《人权宣言》,人权概念的主体所指都限定为少数富有的男性。在生产资料公有制为主体的社会主义社会中,我们的人权观是"人民至上"。换言之,这里的人权所指不再是为少数人谋利益,而是尊重和保障全体人民的权利。到了更为成熟的共产主义社会高级阶段,马克思主义人权观的最高理想——"自由人的联合体"将实现,即"每一个人的自由发展是一切人的自由发展的条件"。

理解了马克思主义人权观,接下来我们一起来回望中国共产党带领中国人民争取人权、尊重、保障和发展人权的实践历程,来看看马克思主义人权观是如何同中国具体实际相结合的。我们知道,中国共产党一经诞生,就把为"中国人民谋幸福、为中华民族谋复兴"确立为初心使命,这也是中国共产党人权思想之本。事实上,自大革命时期开始,我们党就将争取和保障人民生存权作为重要任务;在土地革命战争时期,中华苏维埃政府颁布并实施了土地法,让农民在政治上翻身,在经济上分到田地,获得基本生存权利;全面抗日战争时期,中国共产党制定了一系列保障人权的条例细则,领导陕甘宁边区实行"减租减息"政策;解放战争时期,中国共产党提出保障人权、解救民生,领导制定《中国土地法大纲》等文件,在拥有 1 亿多人口的解放区开展土地改革,实行耕者有其田,努力保障民生。

新中国成立以后,尊重和保障人民发展权的理念形成并不断完善。在社会主义革命和建设时期,"五四宪法"从根本大法的效力上确认了"中华人民共和国的一切权力属于人民",为新中国人权事业的发展奠定了根本的政治前提。在改革开放和社会主义现代化建设新时期,我们多次发布人权状况白皮书。作为新中国成立以来中国政府发表的第一部白皮书,1991 年《中国的人权状况》白皮书中明确提出,人权首先是人民的生存权,发展权应当优先受到重视;四年后的人权白皮书又进一步提出:"将人民的生存权、发展权摆在首位"。此外,现行宪法"八二宪法"中将"公民的基本权利和义务"一章放在"国家机构"之前,强调了对公民权利的尊重。2004 年的宪法修正案中,首次将"国家尊重和保障人权"写入宪法,并确立为宪法的基本原则。

　　中国特色社会主义进入新时代，诸如《发展权：中国的理念、实践与贡献》《改革开放 40 年中国人权事业的发展进步》等多部白皮书相继发布。这些白皮书全景呈现了中国共产党诞生 100 多年、新中国成立 70 多年、改革开放 40 多年尊重和保障人权所取得的历史性成就，确认人民性是中国人权发展道路最显著的特征，生存权、发展权被确定为首要的基本人权。

　　事实上，中国共产党尊重和保障人权的实践也是对中华优秀传统文化"讲仁爱""重民本"等思想的赓续。中华优秀传统文化历来强调对人的尊重和关怀，从孔子的"古之为政，爱人为大"、孟子的"为天下得人者谓之仁"，到荀子的人"最为天下贵"、墨子的"兼相爱"，再到后汉书的"万物之中，以人为贵"、《贞观政要》里的"治天下者，以人为本"，都强调人的自身价值。也正是在"两个结合"的基础上，我们创新性地提出了"人民幸福生活是最大的人权"，这一"以人民中心"的人权理念强调的是广大人民享有的普惠性人权。总结来看，我们的人权理念是在对马克思主义人权观继承和发展的基础上，又把人权的普遍性原则与中国具体实际、中华文化传统有机结合，把生存权、发展权作为首要基本人权，促进人的全面发展的人权理念。

　　理解了我们的人权理念，接下来，让我们再来看看尊重和保护人权这一宪法基本原则是如何在实践中彰显的。我们知道，2004 年"尊重和保障人权原则"入宪以来，宪法通过对公民的基本权利和自由作出全面规定，依法保障公民的生存权和发展权。事实上，宪法作为根本大法，关于人身、财产权利等公民权利保障的规定往往具体落实和彰显于部门法之中。下面，我们就从现行法律和社会生活两个领域，来考察和理解宪法的尊重和保障人权原则。

　　在现行法律中,民法典是一部在中国特色社会主义法律体系中"固根本、稳预期、利长远"的基础性法律,是对公民人身权利和财产权利保障的集中体现,与人们安居乐业、幸福生活息息相关。接下来,让我们一起来聚焦民法典的最大亮点——独立成编的人格权编。可以说,人格权编不仅彰显了民法典尊重人格尊严和保护人格权的基本立场,还是尊重和保障人权原则最为直接的体现。先来看人格权编对公民健康生活的保护。对于公民的生命权、身体权和健康权,民法典第 1006 条和第 1007 条特别规定了完全民事行为能力人有权依法自主决定无偿捐献人体器官,并针对现实生活中普遍关注的人体细胞、人体组织和人体器官的买卖问题作出了禁止性的规范;而在保障公民的尊严生活方面,人格权编对姓名权、名誉权和荣誉权等基本问题作出新的规定,比如在不违反公序良俗的前提下,自然人有权依法享有姓名权。此外,民法典第 1023 条中特别将声音权纳入法律保护,并针对网络谣言以及"社会性死亡"等网络暴力事件,专门规定名誉权保护的相关条款,保障清朗网络空间,保护公民有尊严的生活。

　　另外,人格权编还积极保障公民安宁生活的需要,比如说,针对个人信息泄露、骚扰电话困扰,还有居民生活中层间噪声、广场舞扰民等侵犯公民隐私权和安宁权的问题,提供了必要法律支撑。可以看到,民法典人格权编的新规定中对自然人的健康生活、尊严生活和安宁生活等美好生活权利的规定,直接体现着"人民生活幸福是最大的人权"这一人权理念。

　　接下来,我们再走到更为广阔的社会生活领域,一起通过客观真实的数据，来看看改革开放以来我国尊重和保障人权所取得的实践成就。一是在切实保障人民的生存权方面。党的十八大以来，经过八年奋斗，到 2020 年底，现行标准下 9 899 万农村贫困人口全部脱贫，832 个贫困县全部摘帽，12.8 万个贫困村全部出列，区域性整体贫困得到解决，历史性地消灭了绝对贫困这个实现人权的最大障碍。同时，公共卫生服务体系基本形成。全国医疗卫生机构(包含医院、基层医疗机构、专业公共卫生机构)由 1978 年的 17 万个大幅增长到 2022 年的 103.2 万个，从 2002 年的 43.2/10 万下降到 2020 年的 15.7/10 万，被世界卫生组织誉为"发展中国家的典范""妇幼健康高绩效国家"。此外，基本居住条件显著改善。城镇居民人均住房建筑面积从 1978 年的 6.7 平方米增长到 2019 年的 39.8 平方米，而农村居民人均住房建筑面积则从 1978 年的 8.1 平方米增长到 2019 年的 48.9 平方米。与此同时，城镇保障性安居工程，帮助约 2 亿名困难群众改善住房条件。

在发展权方面，我们通过对人民的经济、政治、社会、文化和环境权利的全面保障，尽最大努力满足人民美好生活的期望。比如在环境方面，过去十年来，包括北京、上海在内的多个重点城市细颗粒物平均浓度下降了 56％，2020 年中国民众对环境的满意度达 89.5％。与此同时，中国的人类发展指数从 1990 年的 0.499 增长到 2022 年的 0.768，是自 1990 年联合国开发计划署首次在全球测算人类发展指数以来，唯一从低人类发展水平组跨越到高人类发展水平组的国家。再来聚焦跟各位息息相关的高等教育发展变化，较之 1949 年，我国的普通高等学校数量增加了 100 多倍，在学总规模从 11.7 万人跃升至 4 430 万人，而高等教育毛入学率从 0.26％增加到接近 60％。这些数据的背后，是无数个体发展权的实现以及人生命运的改变。

值得注意的是，我们还特别注重对特定群体的权利保障。比如，我国在少数民族地区已全面普及九年义务教育，同时在西藏、新疆等地基本实现了学前到高中的 15 年免费教育覆盖；针对妇女儿童群体，建立了包括 100 多部法律法规在内的全面保障妇女儿童权益的法律体系；对老年人权益保护问题，出台了《国家积极应对人口老龄化中长期规划》；此外，对残疾人的权利保障也不断加强，颁布直接保护残疾人的法律法规达 150 多部，切实尊重和保障特定群体的基本权利。

下面，我们来简单回顾一下本讲内容。我们先是追问何谓中国人权理念，并看到在马克思主义人权观与中国具体实际、中华优秀传统文化相结合的发展历程中，我们创造性提出生存权、发展权是首要的基本人权，并形成了"以人民为中心"的人权理念；进而，我们又一起考察尊重和保障人权的现实彰显，尝试从现行法律法规和社会生活实践两个视角，在宪法及民法典对公民基本权利的规范性保障以及全面建成小康社会中的人权事业所取得的历史性成就中，进一步理解尊重和保障人权原则入宪以来，人权法治保障不断加强，不断提高尊重与保障中国人民各项基本权利的水平，推动中国人权事业取得新的发展。

最后，我给各位同学留一道思考题。《庄子·外篇·天地》中讲，"爱人利物之谓仁"。2022 年，习近平总书记在会见联合国人权事务高级专员巴切莱特时指出："一国人权状况好不好，关键看本国人民利益是否得到维护，人民的获得感、幸福感、安全感是否得到增强，这是检验一国人权状况的最重要标准。"各位同学作为零零年代出生的一代人，恰好与这一原则入宪同步起航。请结合自身成长过程，思考："尊重和保护人权原则"是如何为你的成长保驾护航的？

· 教学反思 ·

本讲选自《思想道德与法治》教材第六章第三节第二目"我国宪法的地位和基本原则"，是"维护宪法权威"一节中的教学重点，也是习近平总书记关于尊重和保障人权重要论述融入教学的重要节段。"国家尊重和保障人权"作为专题贯穿于大中小学教材始终（见表 12-1），呈现出从故事说明向道理阐明再向学理澄明渐进的特点。但是，中小学学段尚未有关于"尊重和保障人权原则"的系统性阐述。

表 12-1　中小学学段教材关于"尊重和保障人权"相关探讨示意表

关键词	学　段	章　节	内　容
尊重和保障人权	小学六年级上册	第二单元第四课	《公民的基本权利和义务》
	初中八年级下册	第一单元第一课	《维护宪法权威》
	高中必修 3	第三单元第七课第一节	《我国法治建设的进程》

因此，大学学段相关教学应当立足于学生对这一原则的基

本认识,将习近平总书记关于尊重和保障人权的论述有机融入教学体系,聚焦于学理层面,以系统思维阐释好何谓"尊重和保障人权原则"。值得关切的是,教学设计的铺陈或应注意与法律专业教学区分开来,规避法理学意义上的逻辑讲述,侧重通过中国共产党百年来尊重和保障人权的实践成就讲清楚宪法尊重和保障人权原则的实际彰显。由此,教学设计以"何谓"与"何为"作为逻辑线索,先在解读"什么是马克思主义人权观"的基础上,于"两个结合"的维度回答何谓中国人权理念,注重在中国共产党尊重和保障人权的实践中引导学生从大历史观理解中国人权理念是真实的、具体的,同时自然解答学生对"人权理念是什么"的一般性疑问。接着在学理阐释之上回到现行法律和社会生活领域,于"两个视角"的实践维度展开:一方面,以与学生关系紧密的民法典为例,引导学生直观认识宪法尊重和保障人权原则如何落实于部门法律之中;另一方面,回到学生的生活世界中,展示改革开放以来中国在生存权与发展权方面的长足进步,从而使学生更好地理解我国人权事业所取得的历史性成就。经由教学过程,学生能够对我国人权理念有系统认识,但是对如何应对他国在人权领域的非难仍存有疑问,这也是未来教学设计新的问题增量。

后　记

　　本书从一线课堂实践提取编写质料，秉持"以学生的学习效果为中心"的教学理念，尝试探索形成类似"教学档案袋"的课程辑录，从而助益教学效能的提升。事实上，教学作为一个"学学半"的流动过程，其反思内在具有极强的辩证意味：它既标识着旨于解决旧问题的过程终结，也昭示着力求回答新问题的过程始动。因此，教学或处于"无穷尽也"的未完成状态。本书尝试通过对教学全过程的记录，期许以定量的教学投入转化为定性的教学质量，期待推动从一堂课到一门课的改革创新，并在反思中不断凝聚理念、风格与特色。遗憾的是，囿于个体思维、视野与识见，尚有若干问题处于前述的未完成状态。

　　当然，这些问题也是本书的可对话空间或是审美意义上的留白。期待在未来的教学实务中，持守"立德树人"这一根本任务，着眼"社会适应"这一基本方向，在日新又新与反复打磨中不断深化"教材认识""原著意识"与"数据观念"，持续强化"学生评价""他者评估"与"自评反思"，逐步在课程改革的过程中将这些"空间"与"留白"澄清释解，也希望各位读者能够给予有益的建设性批判。

　　本书被纳入上海交通大学"新时代'大思政课'系列丛书"，

感谢上海交通大学马克思主义学院的领导和同事对书稿出版给予关切与指导。本书得到了清华大学马克思主义学院丁欣烨博士、潘一坡博士的助力。他们以准思政课教师的身份，在提纲打磨、内容推敲及全稿校订的过程中提出了诸多宝贵的建议。本书的出版另得到了上海交通大学出版社的帮助与支持，在此一并表示感谢！

李瑞奇